2. Auflage

Autor: Lukas Wolfgang Börner
Umschlaggestaltung: Sabrina Börner
info@boerner-literatur.de
www.boerner-literatur.de

Verlag und Druck: tredition GmbH, Halenreie 40–44, 22359 Hamburg
ISBN: 978-3-347-00651-5 (Hardcover)
978-3-347-00652-2 (e-Book)

Lukas Wolfgang Börner

Der Schlossweg.

Vorspiel jenseits des Theaters.

Lustgarten mit Pavillon. Dichter dichtet. Regisseur räuspert sich.

Dichter: Ja, bitte?

Regisseur: Darf ich stören, Freund?

Dichter: Ach, du bist es.

Regisseur: Du sitzt beim Wein?
Und das bereits zur Mittagsstunde?
Hat dich dein Arzt denn nie vor Süchten
gewarnt?

Dichter: Nur dieses eine Glas
Valpolicella, wenn die Sonne
so lieblich durch die Blätter glimmt.

Regisseur: Das ist die Rede jedes Trinkers.

Dichter: Wie dem auch sei. Du nennst mich Freund?

Regisseur: Weshalb denn nicht? Ist unsre Kunst
denn so verschieden, werter Dichter?

Dichter: Ich fürchte, ja. Und umso mehr
bedaure ich, dass es so kam.
Ich weiß noch, dass vor vielen Jahren
wir zwei wie Pech und Schwefel waren!

Regisseur: *lacht*

Du reimst noch immer? Willst du nur
vergangenen Zeiten dich verschreiben?
Es ist schon spät, mein Herr, die Zeit
ist längst vorausgeeilt. Und du?
Du sitzt in deinem Dichterzimmer,
reimst Waldesruh auf Sternenschimmer,
ganz wie die Alten – so verkalkt.
Hör zu, mein Freund, mach es wie ich
und trenne dich vom alten Plunder.

Dichter: Du sprichst von altem Plunder? Sag,
ist das Theater, so wie du
es inszenierst etwa was Neues?

Generationen haben schon
solch Ekeldramen angeschaut,
wie du sie auf die Bühne bringst.

Regisseur: Du hast die Metaebene nicht
verstanden.

Dichter: Ach? die Metaebene?
Sind es die schlimmen Seelenqualen,
die den Akteur vorm Publikum
sich übergeben lassen? Oder
sind Orgien in Schlamm und Blut
Metaphern schon für erste Liebe?
Muss wirklich jeder Satz vulgär sein,
um sich vom Bauerndorftheater
zufriedenstellend abzuheben?
Ist schon ein Bühnenbild zu bieder?

Regisseur: Zu bieder? Ja! Das Bühnenbild
ist lange überwunden. Der
Theaterfreund wird heute mehr
gefordert als zur alten Zeit,
nach welcher du dich heimlich sehnst.

Dichter: Die Fantasie ist wirklich heilig,
in jedem Kunstzweig aber anders.
Wer ins Theater geht, will s e h e n,
sonst würde er das Drama lesen.
Doch die Ästhetik ist, verzeih
mir dieses Pathos, keine Mode:
Sie ist ein Teil des Menschen und
schon darum nicht zu überwinden.

Regisseur: Und dennoch ist der Saal noch immer
gerammelt voll. Was sagst du dazu?

Dichter: Ich weiß ja auch nicht, was die vielen
Theatergäste antreibt. Ach!
Bei mir tät es Tomaten regnen,
dass alle Tage du Bruschetta
als Antipasto hättest.

Regisseur: *lacht wieder*

Unsinn!
Nun denn, warum ich zu dir komme:

Ich hörte, dass an einem Drama
du dich versuchst und wollte fragen,
ob ich es wagen darf, es mir
zu reservieren.

Dichter: *skeptisch*

Du? Im Ernst?

Regisseur: Ich strotze vor Ideen, mein Bester.
Du spielst dich selbst und die Figuren
sind puppengleich an deinen Fäden.
Durch Mord an dir emanzipiert
sich die Figur von ihrem Schöpfer.

Dichter: Das ist doch ungeheuerlich!

Regisseur: Zuletzt speit sie die Innereien
in geistiger Zerrüttung aus.

Dichter: Wenn die Figur den Regisseuren
zuallererst ermorden würde,
so wäre sie nicht gleich zerrüttet
und alles ginge gut zu Ende.

Regisseur: *überlegt*

Na gut, so will ich's machen.

Dichter: Nein!
Auch wenn du es nicht glauben kannst,
ich mach's allein, ich brauch dich nicht!

Regisseur: Du brauchst mich nicht? Du machst ein Drama!
Und Dramen wollen auf die Bühne!

Dichter: Auf deine nicht!

Regisseur: Du sprichst im Fieber!

Dichter: *schreibt folgende Worte aufs Papier, spricht sie dabei mit*

Liebe Leser, lest es lieber!

Regisseur: Und wieder reimst du!

Dichter: Ja, das tu ich!
Dich interessiert doch nicht einmal
der Inhalt meines Dramas. Pah!
Die Metaebene nicht verstanden!
Dein Schauspielpack kommt nicht an mein
Theaterstück!

Regisseur: *in Rage*

Mein Schauspielpack?!
Du sprichst von Künstlern so wie dir!

Dichter: Gewiss. Und doch ist mein Friseur
ein größerer Künstler als all diese.
Narzisstisch wie die Pfauenhähne
und kriechend wie die Echsen ziehen
den Kunstbegriff sie in den Schmutz.

Regisseur: Du spinnst total!

Dichter: Es ist doch wahr!
An dir und deinen treuen Lakaien
erkennt man, dass die Weisheit stimmt:
Ästhetik schänden können die Affen,
nur wahre Künstler können sie schaffen.

Regisseur: *heftig fluchend ab*

*

Prolog.

Meeresbucht im Mondenschein.

Natter: Wie die mütterlichen Brüste,
wenn im Grabe liegt das Kind,
zum Bersten überladen sind,
so pocht das Gift in meinen Zähnen
und es steigt ein tiefes Sehnen
in mir auf – die schwarzen Lüste.
Dass ich nachts mein Nest verlasse,
dass ich mich durch jede Lücke
schroffer Felsen, durch das nasse
Dickicht weiter vorwärts drücke,
dass kein Sturm, dass keine Gischt,
das stete Feuer in mir lischt:
Was mich antreibt immerfort,
ist der Mord, der blutige Mord.

Mond: Leise zischelnd kriecht die Schlange,
auf ihr tanzt mein blaues Licht.
Um jenen Hirschen ist mir bange:
Er wachet, doch er sieht sie nicht.

Rosen: Mit Getrappel und Geflatter
will uns jeder an die Haut.
Die du schlängelst, Natter, Natter,
bist alleinig uns vertraut.
Lass dein Gift ins Tierreich fließen,
dass – was nächtens nur geschieht –
wir die Schwesternschaft genießen,
ohne dass uns jemand sieht,
wenn vom Laster wir erröten.
Höre, Natter: Du sollst töten.

Hirsch: Im Winde wiegen sich die Blätter.
Durch die laue Meeresluft
steigt würziger der Rosenduft
hinauf ins schwarze Wetter.
Nur der Mond spielt auf den Blüten,
blau erstrahlt, was leuchtend rot
und lieblich sich mir eben bot.

Rosen: Höre, Natter: Mach ihn tot!

Natter: Seltsam, wie die Rosen wüten.
Anzustacheln gegen jenen,
der sie liebt, ist all ihr Sehnen.

hält inne, betrachtet den Hirschen, der sich dem wogenden Rosenstock nähert

Verdammt, wenn sich das Herz verirrt!
Tödlicher ist das Verlangen,
wenn es nicht erwidert wird,
als das Gift von tausend Schlangen.

Sturm: Wie niedlich dies Gesäusel klingt
zu solch vorgerückter Stunde.
Wenn ich einmal ruhe, dringt
jedes stille Wort zu mir.
Selten ist mir solche Kunde
und ich lausche mit Pläsier.

aufbrausend

Meine Gnade lässt sie säuseln,
nur weil ich so gütig bin.
Doch habe ich erst Zwist im Sinn:
Hei! seht, wie sich die Härchen kräuseln!
Stumm ist alles, was da klang,
allen Wesen allerorten
wird es mulmig oder bang,
alles beugt sich meinen Worten.

Funken: Freunde, lauscht den Weisen
eines eitlen Greisen!
Schade, schade,
ohne eigenes Verschulden
muss er doch das Feuer dulden,
wenn als glühend heiße Zecken
wir in seinem Barte stecken.
Freunde, welche Gnade!

Alte Kiefer: *wacht knirschend auf*

Wer hat solchen Lärm gemacht?
Erst das Zischeln aus den Schlüften,
dann dies Knistern in den Lüften.
Ohne Ruhe ist die Nacht.
Wer im Mondenschein noch wacht,
höret auf den alten Meister:

In der Ruhe liegt die Macht,
drum zu Bett, ihr bösen Geister!

Rosen: Darauf, Natter, gib nicht acht!
Denn der Hirsch steht lechzend vor
unserm reichen Blütenflor.

Natter: Keiner lauscht, wenn ungefragt
ihn ein Möchtegern belehrt,
glaubend, nur weil er betagt,
dass die Weisheit ihm gehört.

Mond: Nun naht die Natter jenem Hirschen,
von den Zähnen tropft das Gift,
indes die Kiefer unter Knirschen
auf die Sturmgewalten trifft.

betrachtet sinnierend das stete Treiben unter sich

Was täte wohl die Kreatur,
wenn sie nicht aufgewiegelt würde?
Das Bezwingen einer Hürde
– scheint's – gibt wahren Antrieb nur.
Was das Geschöpf in Ewigkeit
mit Lust und Kraft am Leben hält,
ist Krieg, ist Kampf, ist Zwist und Streit!
Das ist die Formel dieser Welt.

Natter: Zu richten über Tod und Leben
ist der höchsten Macht gegeben,
drum ergötzt auch der Moment,
in dem man selbst den Faden trennt.

Hirsch: Wer zischelt dort zu meinen Füßen?

Rosen: Um dein Blut hier zu vergießen –
die Natter!

Hirsch: Das soll sie mir büßen!

mit einem Schlenker seines Geweihs kehrt er die Natter fort, sodass sie im seichten Wasser landet und versinkt

Wellen: Ach! endlich, endlich ist es soweit,
genug nun mit mageren Blättern und Halmen,
ist doch stetig unsere Freud
anderer Elend, anderer Leid,
endlich was Neues zum Zermalmen!

Rosen: Nun sind wir in der größten Not,
Schwestern, unser Feind ist nah
und die Freundin tot.

Hirsch: Niemand soll mein Nachtmahl stören.
Keine Schlange mag mich hindern,
meinen Appetit zu lindern.

lauscht

Alles Lärmen hie und da
verebbt nun. Nichts ist mehr zu hören.
Der Sturm hat sich zur Ruh gesetzt,
die Kiefer liegt in Schlummer,
die Wellen haben Labung jetzt,
die Rosen leisen Kummer.
Nur der Mond, so klar und rund,
gibt noch manche Weisheit kund.

Mond: Die erste Weisheit lautet immer:
Misstraue jedem Frauenzimmer,
das Liebreiz seine Tugend nennt,
weil Tücke ihm im Herzen brennt.

Rosen: Nützlich wär ihm solche Lehre,
wenn doch seine Gier nicht wäre.
Schwestern, hebt die Dornen an,
schändet ihn,
blendet ihn,
dass er nichts mehr sehen kann!

der Hirsch will zubeißen, aber die Dornen zerstechen ihm die Augen; Hirsch winselnd ab

Verneigt euch nur – Triumph! Triumph! –
vor den geheimen Herrscherinnen!

Sturm: Wer stört mein stilles Sinnen?
Was dringt dort aus dem Busch so dumpf?
Triumph? Triumph?
Oh ja, ich merke,
da begreift wohl mancher nimmer
meine Stärke!
Herrscherinnen?
Ach, ich war wohl zu bescheiden,
nun: Es geht auch schlimmer.

Der wahre Herrscher muss sich wehren
gegen erstes Aufbegehren,
weil sonst alle Lebewesen
ihm mit naseweisen Späßen
seine Herrscherschaft verleiden.

Rosen: Was ist nun? Dort oben braut
sich der harsche Sturm zusammen,
rast herbei und will uns rammen!
Himmel! Schütze unsre Haut!

Alte Kiefer: Und wieder wird mein Schlaf gestört!
Was stimmt nur mit euch Geistern nicht,
dass ihr auf den, der weise spricht,
nicht hört?

Sturm: Auch du sollst dich mir beugen!
Doch sollen sich die Herrscherinnen
ihrer Ohnmacht erst entsinnen!
Ihr Tod soll meine Macht bezeugen!

mit einem mühelosen Handstreich knickt er den Rosenstock um

Wie sprachst du doch? Du seist der Meister?
Gib nur acht: In Kürze reißt der
wahre Meister mit Triumph
dich aus dem Sand mit Stiel und Stumpf.

Alte Kiefer: Wie die Rosen fing ich an.
Verklärt ist der, der meint, er kann
mich ärgern. Ich, der Tag und Nacht
beständig mehr noch aus sich macht,
bis einst als stattlich großer Baum
ich überrage Zeit und Raum.

Mond: Ach! dass die Natter eben taucht,
wo einmal man Zynismus braucht!

Sturm: Es tut mir herzlich Leid,
die Macht dir abzusprechen.

Alte Kiefer: Niemand kann mich brechen!

Sturm: Dann mach dich bereit
für die Vergänglichkeit!

fährt wütend auf die Kiefer los; diese widersteht und er wird in zwei Hälften gespalten

Alte Kiefer: Mir scheint, du hast dich selbst entzweit!

Mond: Ein lockerer Spruch nach geglücktem Wetzen
kann Größe und Ausstrahlung nicht ersetzen.

Funken: Wer hat unsern Wirt gespalten?
Oh, es war die alte Kiefer!
Seht, was ist sie stolz
auf ihr sprödes Holz!
Lasst sie nicht so schalten, walten,
wie sie will, rächt ihr Verhalten!
Kein Tornado macht sie schiefer,
aber, Freunde, unter Flammen
bricht sie doch zusammen!

Alte Kiefer: Funken stieben? Ach, was soll's!

Funken: Wer groß ist und sich mächtig meint,
verkennt, dass die Bedrohung sitzt,
wo Kleines sich mit Kleinem eint.
Freunde, itzt:
Flitzt,
erhitzt
die Kiefer, dass sie keucht
und schwitzt!

es blitzt und die alte Kiefer steht in Flammen

Welch Lichtertanz, welch froher Ball!
Es ist allhier wie überall:
Der größte Prunk geht unbestritten
stets auf Kosten eines Dritten.

Sturm: *röchelnd*

Als gebrochner Mann
rufe ich die Wellen an:
Sicher seht ihr dort im Dunkeln,
die seit Tagen mich verdrießen,
überschwänglich tanzen, funkeln!
Löscht sie aus mit eurem Fließen!

Wellen: Es ist gut, es ist gut,
wieder etwas zum Zermalmen!
Wir steigen aus dem Bett als Flut,
stürzen auf die Funkenglut.
Hört ihr das Zischen? Seht ihr das Qualmen?

das Feuer erlischt

Nun leckten wir Blut!

Nimmer wollen wir beschließen,
in das Bett zurückzufließen,
sondern über Land uns spreiten
und den Untergang bereiten.

Mond: Abermals scheint es vonnöten
bei dem Treiben einzuschreiten.
Weniger Verdruss bedeuten
für mich jedes Ringen, Töten.
Eben mochten sie mich sehr gern,
plötzlich aber ist Zerstörung
wichtiger als die Verehrung.
Das muss auch den Weisen ärgern!
Husch! ins Bett, ihr frechen Wellen!
Überlasst nur Land und Wald
dem Regen und den süßen Quellen.
Seht nur meine Wohlgestalt!
Wenn ihr gefällig mich betrachtet
und nicht trachtet, roh zu meucheln,
wenn ihr liebestrunken schmachtet,
soll mein holder Glanz euch streicheln!

Wellen: Der Mond – wie lieblich er glänzt,
als wenn er uns vermisst!
Wie unbedeutend Bosheit plötzlich ist,
wenn keine Liebe sie umkränzt!
Zurück, zurück, weil ohne Mond,
sich doch die Existenz nicht lohnt.

zur tieferen See ab, sodass das seichte Becken nun trocken liegt

Natter: *keucht und windet sich*

Dass ich meinen Leib erhebe,
dass ich unter Schmerzen zuckend,
hin und wieder Wasser spuckend
mich durch Schlick, Geröll und Dreck
sehnlichst nach dem Ufer streck,
dass ich zitternd weiterlebe:
Was mich antreibt immerfort,
ist der Mord.

*

I. Die Einheit.

Am Wegesrand. Fahles Licht fällt durch die Blätter. Die Stille hängt als schwerer Vorhang über dem Walde.

Vater: Ein Sohn, ein Sohn, ein prächtiger Sohn!
Welch froher Tag! Mir fehlt jedes Wort!

erschaudernd

Zerschlagen liegt die Tapfere dort
und regt sich nicht und macht keinen Ton.
Sie Stück für Stück mit Liebreiz verführend
liegt ihr zur Brust das niedliche Bündel,
wie Luft zum Atmen braucht sie das Kindel.
Ach, Mutterliebe ... nichts ist so rührend!

Es schmerzt! Die erste Zeit, wenn das Leben
mit Gottes Kraft ein Wesen beseelt,
verharrt der Vater hilflos daneben.
Es ist Vertrautheit, die ihm noch fehlt.
Er grübelt, ob ein Platz für ihn bliebe,
wo eins das andre notwendig braucht,
das Leben selbst sich Atemluft haucht.
Wen braucht noch solch vollkommene Liebe?
Doch nein! ich seh's an deinem Gesicht,
mein Schatz, und deinem stillen Behagen,
mein hübscher Sohn, als wolltet ihr sagen:
Du bist nicht unnütz, täusche dich nicht,
denn wegen deiner kleinen Distanz
und des Geleits und sorgsamen Tuns
machst du doch diese Liebe erst ganz.
Du hast deinen Platz – und der ist bei uns!

bricht in Tränen aus

Was für ein wunderschöner Knabe!
Seit ich mich selbst den frechen, bunten
Stunden der Glückseligkeit,
der Kinderzeit entwunden habe,
hab manche Leere ich empfunden.
Nun bauscht sich gleich den hohen Fluten
Vaterpflicht um Vaterpflicht.

Nun wendet alles sich zum Guten,
egal, was Andere vermuten:
Ohne Nachwuchs geht es nicht.

Mein hübsches Kind!
Wie klein noch deine Händchen sind
und doch ist jeder Finger dran.
Es gibt auch andere Geschöpfe:
Pflanzen wachsen später erst die Köpfe,
Fröschen erst die Beine an.
Vielfalt schmückt die Kreatur:
Auf Erden fliegt und kriecht und schreitet,
schwimmt und krabbelt, hüpft und gleitet
dicht am Wege die Natur.
Der Tiere gibt es große Horden,
die sich niemals sicher wähnen,
weil einzelne mit scharfen Zähnen
sie im Meuchelwahn belauern.
Auch trachtet manches Biest mit Hauern
bloß aus Stumpfsinn, sie zu morden.
Dafür brauchen diese Tiere
niemals lauern oder wüten.
Sie ernähren sich von Blüten,
Laub und Halmen im Reviere.
Du siehst, mein Sohn,
der Herrgott hat Gerechtigkeit
über diese Welt gestreut.

Oh, so viel gibt es noch zu lernen:
Von den dichtgedrängten Sternen
über rohe Meeresriesen
und Libellen in den Zweigen
bis zu Anemonenwiesen:
Alles möchte ich dir zeigen.
Auf diesem Weg, auf dem wir schreiten,
sollst du fortan uns begleiten.
Was es zu erfassen gilt,
reihet sich auf beiden Seiten,
Bild an Bild.
Wie viel, mein Sohn, du schon bei Zeit
von dieser Schöpfungskraft begreifst,
ist wichtig und bestimmt, wie weit
du letztlich zur Vollendung reifst.

Des Vaters Stolz ist übergroß,
wenn sein Vertreter virtuos
und frei von allen Schranken denkt.

Ich weiß, nicht jeder ist beschenkt
mit Geist, so mancher bleibt beschränkt.
Doch ist's egal, mit wie viel Geist
du letzten Ends gesegnet seist.
Nur grüble nie, um Lob zu heischen.
Das reine Wesen braucht nicht täuschen.
Und gebildet sein zum Schein
ist lächerlich, drum lass es sein.
Und wisse, dass wir stets dabei sind,
weil Gedankenlosigkeiten,
die im Zweifel Gram bereiten,
lieben Eltern einerlei sind.
Was du auch tätest: Wir sind hier
und gehen diesen weiten
holperigen Weg mit dir.

Und fragst du einmal: Vater, wie soll ich leben?
so will ich diese Antwort geben:

Mein Sohn, lebe fromm und still dahin.
Das Wolkenschloss sei immerfort
als Altar, als Tugendhort,
als Ziel in deinem Sinn.
Denn wo sich Wolkenberge türmen
zum Schwulste erhabener Gewalt,
fern den menschlichen Gewürmen,
ja dort, ja dort flattern bald,
du und wir, die guten Seelen,
statt auf Erden sich zu quälen.
Steil ist der Weg dorthin und weit,
mein Sohn, doch geh ihn rege
und weiche keinen Fingerbreit
ab von diesem Wege.

Dein Gesicht ist mir so fremd
und doch vertraut.
Als wenn man in das Wasser schaut,
das alle Klarheit flusswärts schwemmt.
Nur bist du hübsch und deine Züge
sind vom Jugendhauch umweht.
Auf meinem Antlitz leider steht
die Jugend mit dem Tod im Kriege.

Was da hell und klar erstrahlte,
bröckelt im Orkan der Zeit.
Das Haar ist noch nicht ganz verloren,
was oben fehlt, wächst aus den Ohren,
auf der Stirne sitzt die Falte
und die Faulheit macht sich breit.
Doch, mein Sohn, die schlimmste Qual
sind Zwang und Ängste ohne Zahl.
Doch wie ein Jugendquell erscheinst du,
wo der Tümpel kippen sollte.
Alles, was ich haben wollte,
was mich kräftigt, das vereinst du.

Decima: *verborgen im Waldesdunkel*

Geliebte Schwester, du musst weiterspinnen!
so rufe ich's, so ruft's die weite Welt,
weil alle Dinge stets bei dir beginnen
und ohne dich uns alle Arbeit fehlt.
Geschwind, denn Morta wird schon ungeduldig
und spielt gelangweilt mit der Schere!

Morta: Sicher!
Mit jedem Scherenschwung mach ich mich schuldig!
Verhasst bin ich!

verwirrtes Lachen

Decima: Oh, hör nur ihr Gekicher!
Du musst dich schicken, Nona, denn es scheint,
als ob sonst unsre irre Schwester trennt,
was man als strenge Fadenlänge meint
und herkömmlich die Lebensdauer nennt.

Nona: Genug! Hier seht, da ist ein neuer Faden,
besonders zauberhaft! Bei mir verheilt,
was hinten blutet – niemand kommt zu schaden.

Morta: Zu spät!

Decima: Zu spät!

Nona: Der andre ist zerteilt!

Morta: Zu spät! Zu spät! Zu lang hast du verweilt.
Du spinnst den Faden, ich mach einen Schnitt:
Schnipp, schnipp, hurra! nun sind wir wieder quitt!

Nona: Du schlimmes Weib! Was hast du da verbrochen?
Das eine hat das andre doch gebraucht!

Morta: Wo Liebe war, da sind jetzt Rauch und Knochen!!
Zu spät!!

Decima: Und wie sie zischt und wie sie faucht!
Genug, ich nehme ihr die Schere ab.

Morta: Du Diebin, gib sie mir zurück! Mein Amt
ist doch der jähe Fadenschnitt, das Grab!

Decima: Und meines ist das Messen! Sei verdammt,
die du samt Nonas Fäden mich beschneidest!
Nicht eher sollst du sie zurückerhalten,
als dass für dich die Regeln, die schon galten,
von Neuem gelten. Ich will, dass du leidest!

Vater: *nähert sich seiner Familie, legt sich dazu*

Du liebe Frau, was hast du geleistet!
Direkt nach Gott bist du zu verehren!
Was habe ich mich früher erdreistet,
den Lauf des Lebens dir zu erklären,
die du doch selber Leben verteilst.
Mit unserm Kind entsprang deinem Schoß
die Schöpfungskraft. Ganz nebenbei heilst
du auch all das, was mich so verdross.

Allein die Sonne kann uns erleuchten.
Wir glauben, dass wir alle, um höher
zu kommen, nur Entwicklungszeit bräuchten.
Doch kommt man der Erleuchtung nicht näher.
Es weiß ja keiner wirklich, wie lang
die Welt schon steht und wann sie vergeht.
Ich weiß jedoch, dass hoch an dem Hang
des Gartens dein Verführungsduft weht:
Du bist der Knoten in diesem Strang.

springt auf

Doch was seh ich? Schatz! Was ist?
Rosig ist das Kind, doch du ... du bist ...
du bist ... so blass!
Schatz? Mein Schatz! So sag doch was!
Was ist mit deinen Händen los?
Sie sind, herrje! so eisig schwer
und liegen auf der Seite bloß!

Dein Blick! Wie ist er leer!
Dass du mir das Atmen nicht vergisst!
Oh Himmel! wie du mir den Blick verwehrst!
Und da ist keinerlei Bewegung mehr!
Gerade schliefst du doch so gut!
Liebling? Liebling?
Nein! jetzt seh ich's erst:
Dort unten ist ja alles voller Blut!!

*

Der Schlossweg.

Der Morgen malt rote Schnörkel auf den Weg. Noch ist es kühl.

Amadeo: In allen Winkeln und allen feuchten Ecken
schlummern noch die finstern Schemen.
Willst du Reißaus vor dem gleißenden Tage nehmen,
musst du dich dort im Schattenwald verstecken.
Wie die Füchse und die Haselmäuschen
verbärgst du dich unter gewundenen Blättern
und säßest ganz wie in einem possierlichen Häuschen
und ließest den Tag nur wettern.
Ach! und du kühltest dein wundes Gesicht,
worauf die Sonne dir erbarmungslose Strahlen schoss.
Doch nein! dann bliebest du ja nicht
artig hier, auf dem Wege zum Schloss.
Träumend in den kühlen Gründen
sich zu räkeln und sich zu strecken,
erregt allgemein nur Zorn und Schrecken
und stört wohl auch des Vaters Wohlbefinden.

Wo wir auch wandeln, in der Höhe, in den Senken,
alles, wahrlich alles scheint mich fortzulenken.
Das Schilfrohr am Gestade winkt und pfeift so fein,
die Pinienbäume knacken mir so lieblich zu,
am Hang die Gämsen laden mich zum Spielen ein
und ich? – Ich bleibe hier und gebe Ruh.
Alles tanzt und rauscht und tollt und lacht so heiter!
Herbei! Herbei! ruft mir die volle Schöpfung zu!
Ob Hagelschlag, ob Donnerblitz – es geht immer weiter!
Und ich? – Ich bleibe hier und gebe Ruh.

Vater: Und wieder ist da diese Sehnsucht in den Zügen.
Gefällig geht er neben mir einher. Und doch:
Ihm wollen Sonnenschein und Wolken nicht genügen
und selbst zum jähen Schloss sieht er nur selten hoch.
Es ist gewiss die Milch, die ich ihm geben musste,
die ich von Rehen und den wilden Ziegen lieh,
die glücklich ich zu zähmen und zu melken wusste.
Statt mütterlicher Milch verzehrte er nur sie.
Nun bebt die Wildnis in der jugendlichen Brust
und jene Schlimmen, die im Dickicht lauernd wandern,
durch Spuk erschreckend und verführend durch die Lust:
Für ihn sind sie gefährlicher als für die andern.

So, höre doch, mein Sohn, sei nur nicht allzu gierig.
Sieh dir die Bilder hier mit sicher'm Abstand an,
mach dir Gedanken und erfreue dich daran,
doch bleibe auf dem Weg und sei es noch so schwierig.

Amadeo: Ach, Vater, leg nur nicht zu viel in meinen Blick,
so gern ich diesen – in der Tat – auch schweifen lasse.
Ich weiß es ja: Weiche ich von diesem Weg, verpasse
ich noch die Erlösung, das ewigliche Glück.
Ich weiß es ja und darum will ich dir auch folgen.
Nur manchmal bin ich ganz verärgert ob des Lichts.
Will ich zum Schlosse schauen und blicke darum in die Wolken,
blendet mich die Sonne – ich kehr mich ab und sehe nichts.

Vater: Mir ging es ebenso. Ich kann dich gut verstehen.
Ich kenne dies Gefühl, das dir die Freude mindert.
Als Kind wollt ich zuweilen auf das Bauwerk sehen
und ward doch immer durch den Sonnenschein gehindert.
So mancher aber sah es schon und darum kreisen
Erzählung und Bericht im Lande fern und nah.
So mancher sitzt am Weg und trällert seine Weisen,
was er daselbst und was der Vatersvater sah.
Doch wie, mein Sohn, ist's möglich, dass sich alle Mären
vom Wolkenschlosse, seinem Weg und dem Erreichen
des Garten Edens wie ein Haar dem andern gleichen,
wenn es nur sinnentleerte Spukgeschichten wären?

Amadeo: Vielleicht hast du ja recht.

Vater: Und blicke in das Dickicht.
Geh nur drei Schritte weiter und du siehst sie lauern.
Aha! Da schau! Hier sind die Sträucher nicht so blickdicht.
Siehst du denn nicht, dass arge Lumpenpack dort kauern?

schaurige Gesellen lümmeln kreuz und quer im Unterholz und grinsen, als sie ihr Publikum bemerken

Amadeo: Mir graut!

Vater: Sieh nur, sieh: Die dunkle Haut,
Ziegenfuß und Ziegenwedel!

Amadeo: Und schwere Hörner auf dem Schädel!
Ach, und der Gestalten viere!
Sind das Menschen? Oder Tiere?

Vater: Dämonen sind es, abgefeimte Teufel,
es sind des Widersachers böse Jungen.

Ihr Ziel ist, dich vom Weg durch Lust und Zweifel
fortzulocken. Und schon ...

schnalzt mit den Fingern

...bist du vom Wald verschlungen!

Amadeo: Und komme nimmer in das Schloss?

Vater: Ich weiß es auch nicht. Ich weiß bloß:
Stellt der Mensch in seinem Leben fest,
dass er sich auf dem rechten Weg befindet,
weil dieser einst die Seligkeit verkündet,
ist er ein Esel, wenn er ihn verlässt.

Amadeo: Es stimmt schon! Und wie gestern seh ich noch,
den Engel über diesen Schlossweg fliegen.

Vater: Ich weiß es auch noch – gern denk ich zurück.
Auch wir zwei schwingen uns einmal dort hoch,
um uns im Wind als wie im Bett zu wiegen,
im neu vereinigten Familienglück.

Amadeo: Sieh, Vater, dort kommen über des Berges Kuppe
zwei, drei, nein ... fünf Menschen: Eine kleine Gruppe.
Und schauen gar so grimmig drein.
Ihre Bündel sind so groß und schwer
und bedrücken sie so sehr,
dass sie nur zitternd sich bewegen.
Was mag wohl darinnen sein?

Vater: *bleibt stehen, wendet sich den marschierenden Leuten zu*

Salve Brüder, Gottes Segen!

Erster: Kann nicht weilen ...

Zweiter: ...unterbrechen ...

Dritter: ...oder sprechen ...

Vierter: ...muss mich eilen ...

Fünfter: ...weil mir sonst die Glieder stechen.

Gruppe überholt und schnaufend ab

Amadeo: Wartet doch! Sagt, was ist in euren Säcken?

Vater: Amadeo! Habe ich dir beigebracht,
den Nasenspitz in fremdes Hab und Gut zu stecken?
Die Säcke sind der Menschen ganz vertraute Fracht.

Amadeo: Jetzt merk ich's erst!

reißt dem Vater das Bündel von der Schulter

Dein Gepäck wiegt auch
so schwer! Es lässt mich in die Knie sinken!
Auch ich muss schlummern, essen oder trinken,
doch meins ist gegen deins ein dünner Schlauch.

Vater: Nun ja ...

Amadeo: Ja, was?

Vater: Es ist ...

Amadeo: Ist, was?

Vater: Ich dachte nur, ich sag's dir etwas später.

Amadeo: Diese Ansichtsweise aller Väter
erzeugt nur Fragen ohne Unterlass.
Man wird sie immerfort, ja! auch nach Tagen
geradewegs und über Umweg fragen.

Vater: *zu sich selbst*

Wie mir die Neugier hier entgegenblickt!
Wie zielbewusst er ist! Und wie geschickt
bringt er mit einem Satz mich in Bedrängnis:
Die Heimlichkeit wird mir nun zum Verhängnis.

zu seinem Sohn

Nun höre, du Vermaledeiter:
Deine List
wirkt viel gescheiter,
als sie wirklich ist.
Weil du gar so übereilt
mich genötigt hast:
Was ich für uns alle beide
stetig trug, wird nun geteilt.
Das Geheimnis und die Last,
das Schwert und seine Scheide.

Amadeo: Sicher sprichst du nur in Bildern!
Was ist ein Schwert
denn hier schon wert?
Oder willst du etwa wildern?

Vater: Mitnichten!

zieht aus dem Bündel zwei gewaltige Schwerter

Mein Sohn,
das ist der Grund, warum ich zaudere:
Du bist noch so jung und es gibt Geschichten,
vor denen ich sogar im Alter noch erschaudere.

Amadeo: Erzähle schon!

Vater: Ich will dir nur dann davon berichten,
wenn du mir versprichst, dass du es nicht
zu ernst nimmst – es ist und bleibt nur ein Gerücht.

Amadeo: Spann mich doch nicht auf die Folter!

Vater: Gut, dann lass uns erst mal niedersetzen!
Auf diesen beiden Steinen unterm Holder
ist es kühl und schattig zum Ergötzen.

Nach Tagen, Monaten oder Jahren
– niemand weiß es wirklich genau,
ob man zu diesem Zeitpunkt schon grau
und kahl ist oder mit vollen Haaren –,
wenn die Schattenspiele von Bäumen,
dem Gebüsch und hohen Gewächsen,
wenn die bläulichen Waldeidechsen
lange nicht mehr den Wegrand säumen,
wenn die Pforte, so heiß ersehnt,
am Ende in der Ferne erscheint
und man sich schon in Sicherheit wähnt,
entsteht der Widersacher, der Feind.

Amadeo: Der Widersacher?

Vater: Er steht und drängt sich dort zwischen einen
und die Pforte zum Paradies.
Man kommt nicht weiter und überdies
kommt man auch nimmermehr zu den Seinen,
wenn man ...

Amadeo: ...nicht flieht?

Vater: ...sein Schwert nicht zieht!
Nun kriegst, mein Sohn, du langsam ein Bild,
warum die Bündel allzu schwer wiegen:
Weil da Schwert und Scheide drin liegen
und zuweilen sogar ein Schild.

Amadeo: Um den Widersacher zu besiegen.
Fürwahr, das wäre ein schlimmes Leben.
Der Weg allein ist schon so holprig weit
und nun soll's auch noch einen Endkampf geben!
Und doch, sagtest du, ist's nur ein Gerücht.

Vater: Die Waffe bringt uns einzig Sicherheit
und Sicherheit ist einzig unsre Waffe.
Weil jeder aber jederzeit darüber spricht,
wäre ein Verzicht darauf wohl nicht gescheit.

Natter: *schlängelt sich über den Weg*

Die Menschen glauben doch, es würde
sie ihr Bündel weiterbringen.
Aber solches Bündel muss
sie ewig in die Knie zwingen.
Lüftet, Menschen, den Verschluss:
Nichts als Zwang ist eure Bürde!

Frank und frei in Stolz und Würde
könnte auch der Mensch sich geben,
statt für immer mit Verdruss
ob des Ballasts bedrückt zu leben.
Lüftet doch nur den Verschluss:
Nichts als Zwang ist eure Bürde!

Ich bezwinge jede Hürde
ohne Sack und Pack und Zwänge.
Drückt die eigne Haut mich bloß,
befrei ich mich aus solcher Enge
und verhöhne euer Los:
Nichts als Zwang ist eure Bürde!

Vater: Vorsicht! Eine Schlange!
Amadeo! Still!
Beweg dich nicht, ich will
sie töten mit dem Schwert.
Wir wollen sehen, wie lange
sie dann noch nach Mord begehrt.

Amadeo: Aber Vater, lass sie kreuchen,
denn sie will doch gar nichts tun,
als auf dem warmen Stein zu ruhn.
Und husch! ist sie in den Gesträuchen!
Wenn du hinterdrein auch rennst,
du fändest sie doch nimmermehr.

Im Grunde liebe ich sie sehr,
weil sie so hübsch smaragden glänzt.

Vater: Manchmal glaub ich, du liebst immer,
was ein weiser Mensch verachtet!
Nach Verrat die Natter trachtet!
Was dagegen wiegt der Glimmer?
Das sind keine Kreaturen,
die der Schöpferhand entsprangen.
Teufelswerk sind alle Schlangen,
List und Tücke ihre Spuren.

Amadeo: *seufzt*

Was ist denn nun mit diesen Schwertern?

Vater: Ach, das hätte ich ja schier
vergessen! Schau, nimm dieses hier!
Halt! Du fasst es ja verkehrt an!

Amadeo: Scheiße! Herrgott, bin ich dumm!

Vater: Es ist nicht schlimm, hier nimm mein Tuch
und wickel's um die Wunde rum.
So, auf zum weiteren Versuch!
Ein letztes Mal sei ich dein Lehrer
und das Fechten deine Lehre.
Stell dir einfach vor, ich wäre
Widersacher, du: Begehrer.

*

Hyalens Traum.

Auf der Kuppe eines Hügels, von Macchia umkränzt. Der Nachthimmel droht, sich unter der enormen Sternenlast nach innen zu wölben.

Phiale: Du schläfst heute hier?
Ich habe dich schon überall gesucht.
Die andern fragen schon nach dir.

Hyale: Mir ist heut gar nicht nach der Bucht.
Selten sah man das Gestirn
wie heut. Phiale, schau nur empor.

Phiale: Wie Johanniskäfer kommt's mir vor,
die tausendfach dort oben schwirrn.

Hyale: Setz dich doch ein bisschen her.
Weich ist der Sand und immer wieder
versetzt mit niedlich versteinerten Muscheln.
Komm, Phiale, leg dich nieder,
lass uns Sterne schauen und kuscheln,
als ob es die letzte Nacht schon wär.

Phiale: Von mir aus gern, ein paar Minuten,
aber dann muss ich mich sputen,
um pünktlich noch zurückzufinden.

Hyale: Du bleibst nicht bei mir bis morgen?

Phiale: Die andern machen sich doch Sorgen.
Auch, wenn du dich noch so sträubst:
Ich muss wenigstens verkünden,
dass du heut hier oben bleibst.

legt sich dazu und beide schauen einen Moment stumm in den Nachthimmel

Hyale: Glitzerhelle Dunkelheit
umarmt den Globus, hüllt die Quellen,
die dort gurgelnd talwärts schnellen,
in ein hübsches Sternenkleid,
geschmückt sind auch die Bachforellen.

Schwarz und ungewiss erhebt
am Horizont in weitem Kreise
dürrer Wald sich, leise, leise.

Nur, wo ew'ge Brandung bebt,
erschafft er eine weite Schneise.

Wer lauschet, hört im stillen Tal
zum fernen Treiben der Najaden,
die im Sternenglanz noch baden,
den Gesang der Nachtigall
und auch das Rätschen der Zikaden.

Von den höchsten Gipfelstufen
schimmern immer noch die hohen
längst verfallnen Marmorstoen,
welche einst die Menschen schufen,
ehe sie der Welt entflohen.

Wo zuvor Musik erklang,
erfüllt den Wald das Wölfeheulen
und der schlimme Schrei der Eulen.
Geisterspuk ertönt bislang
im Schatten dieser alten Säulen.

Phiale: Wie eine Natter schlingt sich jetzt
vom Nacken her ein kühler Hauch,
umkreist die Brüste, kriecht zum Bauch
und streift die Schenkel mir zuletzt.

Hyale: Die Gänsehaut umspinnt mich auch,
zum All steigt alle Glut hinauf.
Gedanken, ach! die ohne Rasten
das Gemüt bei Tag belasten,
lösen sich in Klarheit auf.

Phiale: Man meint, die Freiheit zu ertasten.

Hyale: Der große Bär am Firmamente
blinkt als Unstern unsres Lebens.

seufzt

Auch trotz redlichen Bestrebens
kommt der Schicksalsschlag am Ende.
Redlichkeit ist stets vergebens.

Phiale: Plötzlich werden Feind und Feindin
aus den liebevollsten Mächten.

Hyale: Gutes wird so rasch zum Schlechten
und es hockt der Alptraum, Freundin!
auf dem Schlafe der Gerechten.

Phiale: Gut und Schlecht ist Kindsbelehrung.
Wer entwachsen ist, muss sehen,
dass die Worte wabern, wehen
und schier bis zur Sinnentleerung
ineinander übergehen.

Hyale: Jene wird das Schicksal köpfen,
die ihr Haupt nach diesem wenden.
Wer vertraut, wird jäh verenden,
drum lass nie das Schicksal schöpfen,
schöpfe selbst mit vollen Händen.

eine lange Stille kehrt ein

Phiale: Ach, Hyale, du hattest recht,
schön ist es hier auf deinem Hügel.
Über all jene, die wir täglich sehn,
breiten wir die Gedankenflügel
und schwingen uns auf zu höheren Ideen,
was ich nimmer missen möcht.

erhebt sich

Hyale: Trotzdem willst du gehn?

Phiale: Ich muss, ich muss,
ich habe es dir doch gesagt.
Ich möchte bei den andern sein,
bevor es tagt.

Hyale: *gähnend*

Und noch einen Abschiedskuss?

Phiale: Du schläfst ja sowieso schon ein.
Gute Nacht, Hyale!

gibt ihr ein Küsschen und ab

Hyale: Bis ...

gähnt wieder

...bis bald, Phiale ...

rollt sich ein, fällt in einen unruhigen Schlaf, träumt:

Hyale: Eile! Phiale, eile! Der Hirsch muss hier irgendwo stecken.
Blicke du ins Gesträuch, ich spann den Bogen derweil.
Sieh nur das harte, spitze Laub und die pelzigen Nüsse!
Dieser Wald lacht uns aus: Alles gemahnt an den Hirsch.

Phiale: Wie entsetzlich schwül, wie drückend ist es ganz plötzlich!
Unwirsch schaukelt das Gras – wie die Korallen im Meer.
Gleichwohl stehen die Zedern alle wie marmorne Säulen
trotz der brodelnden Bö. Sämtliche Nadeln sind starr.
Doch der grimmige Hirsch, Hyale, wo soll ich ihn suchen?
Seinen seidenen Pelz müsste man jederzeit sehn!

Hyale: Leider hast du recht. Er lässt sich doch gar nicht mehr finden.
Unser Hirsch ist fort! Unverschämt ist er entwischt!
Lass uns darum das Beste aus diesem Missgeschick machen!
Setzen wir uns hin, rasten wir hier auf dem Moos!
Warum sollen wir uns plagen, wenn andere ruhen?
Was nur hindert uns, selber mal träge zu sein?
Beeren wachsen im Dickicht, zierlich sprudelt die Quelle.
Essen wir uns satt, stillen wir unseren Durst!

Phiale: Ach, ich weiß nicht, ob es nicht Schimpf und Schande erbrächte,
wenn wir das nicht tun, was doch befohlen uns ist.

Hyale: Wahrlich, es flötet der Wind! Ich hör nur: Befohlen, befohlen.
Dieses befiehlt man uns hier, jenes befiehlt man uns da.
Geh nur artig zurück in die Grotte und tu, wie befohlen!
Wasche nur ihre Haut, bürste ihr struppiges Haar!
Ich hingegen bleibe und nasche lüstern die Beeren.
Wenn er vorüberkommt, schieß ich den Hirschen allein.

Phiale: *fährt zusammen*

Nein, es ist nicht unser Hirsch, der uns plötzlich begegnet!
Weh! Hyale! Weh! Aus dem Gehölz bricht ein Bär!

Hyale: Weh! ein Bär, wie ein Felsen so riesig! Hör, was ich sage:
Gib mir die Pfeile geschwind!

Phiale: Himmel! der Köcher ist leer!

Hyale: So ein arges Ungetüm! Welch schreckliches Schicksal!

Phiale: Uns bleibt nur die Flucht! Renne so schnell, wie du kannst!

Hyale: Ach, ich kann mich nicht rühren, ich strample, strample ins Leere!
Hilf mir doch in der Not!

Phiale: Wie? Mir versagt doch der Fuß,
so geschwind ich ihn auch führen und wegrennen möchte.
Näher kommt der Bär!

Bär: *packt sie und hält sie fest*

Schon hab ich beide erwischt!

Fressen kann ich aber leider nur eins von den Mädchen.
Rein soll es aber sein, weil es verdorben nicht schmeckt!
Sprecht, ihr Leckerbissen, bevor ich euch beide zerreiße!
Wer ist die reinste von euch? Du mit dem Bogen da, sprich!

Hyale: Pah! da kannst du lange hoffen! Ich spotte und zanke,
faulenze abends und tags, Schlendrian heißt mein Kumpan.
Außerdem sind mir Befehle zuwider. In meinen Gedanken
bin ich schon lange fort!

Bär: So? Hm ...

wendet sich an Phialen

Und was ist mit Dir?

Sie schlottert, bringt kein Wort über die Lippen

Hyale: *zu sich*

Wie sie bebt und zittert! Hei, mir kann gar nichts passieren!
Was ist schon reiner als Furcht?

Bär: Sprich doch und zittre nicht so!

Hyale: Wieder bewegt sie lediglich sacht ihre Lippen und schaudert.
Sie verspielt noch ihr Glück, wenn sie nicht bald reagiert.

Bär: Wenn du mir, dem Herrn des Waldes, nicht antworten möchtest,
ist die Sache klar: Starrsinnig bist du und stur,
folglich verdorben und wenig schmackhaft. Das reinste, das feinste
Mädchen spricht artig und laut, wenn ihm ein Bär das befiehlt.

Hyale: Was?! Ich bin doch ein ganz und gar verdorbenes Mädchen!

Bär: *lässt Phialen los, trabt mit der strampelnden Hyale über der Schulter in seine Höhle*

Niedlich, wie du versuchst, gänzlich die Wahrheit zu drehn.
Ja, die Artigkeit steckt unter der äußeren Hülle.
Wer verschlagen fragt, wittert die Wahrheit sofort.

Hyale: *im Halbschlaf*

Er hat ja recht: Zu brav bin ich!
Weh mir! Weh! Jetzt frisst er mich!
Frisst er mich ...

versenkt die Finger tief im Schoß, sinkt wieder in den Schlaf

*

Der Endkampf.

Wie Alpträume ziehen die Schatten der Wolken über den Weg. Der Vater schläft noch. Hyale lugt neugierig durch die Blätter.

Amadeo: Jeden Tag derselbe Lauf:
Erwachen, waschen, hastig speisen,
dann schnürst du dein Bündel zu
und machst dich auf,
auf Schritt und Tritt
im Trott zu Gott
– dies aber stets in Teufelskreisen –,
hastig speisen, gute Ruh.
Das ist die Welt, so wie sie ist
und augenscheinlich immer war.
Doch manchmal wird dir wieder klar,
dass du in ihr gefangen bist.

Wald-geister: Dass du hier gefangen bist.

Amadeo: Weil es nur diese Richtung gibt,
musst du es schließlich akzeptieren.
Zum Vergnügen fängst du an,
mit dem Pirol zu quinquilieren,
der in hohen Zweigen wippt.
Keine Mahnung in der Ahnung,
keine Schranken in Gedanken.
Das Wenige ist, was gefällt,
weil die Verlockung dieser Welt,
erst ausgekostet reizlos ist.
Du denkst nur selten noch daran,
dass du in ihr gefangen bist.

Wald-geister: Dass du hier gefangen bist.

Amadeo: Wer keinen Wein kriegt, bleibe nüchtern!
spricht der Kluge zu den Dichtern.
Aber wie soll man nicht dürsten,
wenn nebenan gefeiert wird?
Berauscht tanzt dorten unbeirrt
trotz unsrer Steifheit Wald und Feld.
Dort ist das Reich der trunknen Fürsten,
dieses ist die wahre Welt!

Sich abzufinden ist noch schlimmer,
als es stete Trübsal ist.
Bleib freudlos und vergiss es nimmer,
dass du hier gefangen bist.

Wald-
geister: Dass du hier gefangen bist.

Hyale: Ei, wer wird denn da verzagen?
Es wäre nur ein kleiner Schritt
und schon kannst du dich durch den Hain
und die gewundnen Sträucher schlagen.
Doch ich glaube, wenn du's tätest,
gingen Furcht und Reue mit
und rascher lenktest du noch ein
und krochest wieder zu den andern,
um sehnsuchtsvoll dahinzuwandern.
Lauf also zu, dass du dich nicht verspätest!

Amadeo: Wo bist du, unverschämtes Mädel?
Sich schwatzend in den Beerenhecken
zu verstecken und mit kecken
Binsensprüchen mich zu necken,
scheint mir nicht besonders edel.
Komm heraus und zeige dich!
Ich weiß, du hältst dich sicherlich
im Blätterschleier bloß verhüllt.
Ich kenne euer Ungeschlecht
und weiß, dein Liebreiz ist nicht echt:
Dein Antlitz ist ein Teufelsbild.

Hyale: Du bist wohl nicht mehr ganz bei Trost:
In ihren Träumen haben mich
die höchsten Herren schon liebkost,
so fein und wunderschön bin ich.

Amadeo: So zeige dich!

Hyale: Ich denke nicht daran! Wer wärst du nur,
dass du mir etwas befehlen kannst,
und glaubtest wohl, dass jede Kreatur
sofort nach deiner Pfeife tanzt?

Amadeo: Du bist ein Dämon, das weiß ich.
Und vor dem, der sich feige versteckt,
hab ich von jeher keinen Respekt.

Wer ich bin?
Amadeo heiß ich!

Hyale: Amadei favorisier ich,
das klingt noch einmal so possierlich!

Amadeo: *wendet sich ab*

Ach, ich höre gar nicht hin!
Was hatte ich nur für Gründe,
zu denken, dass aus der Sünde
etwas Sinnvolles entstünde?
Dämonen bleiben unmanierlich.

Hyale: Amadei, schmolle nicht!
Blicke hier in die Blätter geschwind
und schau, wie hübsch die Dämonen sind!

Amadeo: Fürwahr! Was für ein reizendes Mädchengesicht!

Hyale: Dann mach's gut, mein kleiner Rebell,
ich verschwinde wieder in die Wildnis.

und ab

Amadeo: Bleib da! Nicht so schnell!
Ach, jetzt ist sie schon entflohn
und ich bin hier und kann nichts denken.
Vor meinen Augen prangt ihr Bildnis,
in meinen Ohren klingt ihr Ton.
Wie konnte sie mich nur so kränken?
Zu gerne würde ich ihr meine Zeit
und meine Gedanken, die zu meinem Leid
mich immerzu bedrücken, schenken.
Und auch mein Herz ...

Vater: Amadeo, lieber Sohn,
was ist mit dir? So früh am Morgen
wachst du schon?
Und blickst verstohlen waldeswärts.
Geht's dir auch gut? Dein Blick
erstrahlt vor stillem Herzensglück,
doch tief darunter sitzen Sorgen!

Amadeo: Wie ist das Schicksal abgefeimt,
dass Herz doch nur auf Schmerz sich reimt!

Vater: Es scheint, du hättest dich verliebt!
Mein Sohn, da brauchst du nicht verzagen,
Liebe, auch trotz Unbehagen,
ist das Schönste, was es gibt.
Die Angst vor böser Herzensqual
ist wie die Pest, die Unheil stiftet.
Wer nichts isst, wird nie vergiftet,
verhungert aber in jedem Fall.

Amadeo: Ich sterbe des Hungers und des Gifts,
wenn ich das Mädchen nicht wiedersehe!
Mit einem Wort wie Pfeile trifft's
mein Herz, dass kläglich ich vergehe.

Vater: Wer war das Mädchen, das du meinst?
Kenn ich's? Oder ist es neu hier?
Ich frage nur, weil du so scheinst,
als möchtest du dich unterhalten.
Verzeih mir darum meine Neugier.

Amadeo: Sie saß ja dort im Blätterwerke.

Vater: Dort?! Im Wald der teuflischen Gestalten?

Amadeo: Eben dort, wo gestern Nacht
sich die Teufel noch befanden.
Und hat so trotzig mich verlacht
und ach so entzückend mich doch verstanden!

Vater: Ja, bist du denn des Wahnsinns!? Merke:
Das Böse gefällt sich
in schmucker Verkleidung.
Das Böse verstellt sich.
Das Böse verführt dich
zu schlimmer Entscheidung.
Das Böse berührt dich.
Das war schon immer seine Stärke.
Was du gesehen hast, war nur ein Trick,
um dich vom Schlossweg fortzulenken!
Widerstehe! Lass deinen Blick
lieber nach dem Himmel schwenken.

Amadeo: Das ist nicht möglich. Und überhaupt:
Woher kommt die Gewissheit über die Welt?
Nur, weil jeder hier genau dasselbe glaubt?
Das Wolkenschloss und das ersehnte Paradies
haben sich bei mir noch gar nicht vorgestellt.

Aber das liebliche Gesicht und überdies
den frechen Klang der Stimme hab ich klar vernommen.

Vater: Sohn! es ist nicht nötig, dass du grollst!
Es ist doch nur so über mich gekommen.
Vielleicht ist die Gestalt ja gar kein Teufel.
Dass du nicht vom Schlossweg weichen sollst,
daran gibt's dennoch keinen Zweifel.
Es gibt auch auf dem Weg hier Frauen,
die haben ebenso feine Stimmen
und sind auch lieblich anzuschauen.
Und wandern hier, fernab der schlimmen
Wildnis.

Amadeo: Ja! die kann ich leiden,
die jeden Seitenblick vermeiden!
Die Rücken bucklig von der Last,
ihr ganzes Handeln voller Hast,
und gänzlich widrig in der Erscheinung.

Vater: Das ist deine Meinung!

Amadeo: Verzeih mir vielmals, aber die
ist auch die einzige, die zählt!
Gemeinhin wird ein Mädchen nie
zum Vaterfrohsinn ausgewählt.

Vater: Wie redest du denn mit mir?
Habe ich dir irgendwas getan?
Ich versuche nur, von dir
die schlimme Lust, die in dir schäumt,
noch abzuwenden, so gut ich kann.
Amüsant ist, wenn man träumt,
doch es wird augenblicklich ernst,
sobald du dich vom Weg entfernst.

Amadeo: Genug geträumt: Ich sage und ich mein es:
Heute werde ich den Weg verlassen!
Lange, lange hab ich ausgeharrt,
doch deshalb nicht, weil ich mein eignes Leben
schonen wollte, Vater, sondern deines.
Doch ich glaube langsam, dass das Leben
viel zu kostbar ist, um so zu prassen:
Eine Marter für die Himmelfahrt.

Du sagst, du meinst es immer gut mit mir,
doch dass du ohne jedes echte Wissen
von der Schöpfung derart mich belehrst
und mir – scheint's – nett, doch eigentlich verbissen,
jeden Weg zu meinem Glück verwehrst,
ist eine Tat aus Eigennutz und Gier.
Du liebst mich und du willst mich nicht verlieren,
lieber willst du mich an Ketten führen.

D i c h zu drängen wagte ich noch nie:
Was du für Kühle hältst, ist Sympathie.
Wen man als Menschen vollends akzeptiert,
dem wird man niemals seine Freiheit rauben.
Ganz besonders, wenn das Weltverständnis
bloßes Glauben ist und nichts als Glauben.
Wie, warum und ob die Welt rotiert,
entzieht sich nämlich unser beider Kenntnis.

Nur dieser Weg lässt einen selig sterben,
denkst du, weil das alle immer dachten.
Aber meiner führt von diesem fort:
Vielleicht ins Glück, vielleicht auch ins Verderben.
Lauerten auch tausend Teufel dort,
die voller Gier nach meiner Unschuld schmachten,
solche Höllenqualen, wie ich eben
spüre, kann ich nimmermehr durchleben!

Also lass mich meines Wegs marschieren.
Fern des Schlosswegs in den klammen Schatten
will ich meinen wunden Leib erquicken
und auch die Gedanken aussortieren,
die mich früher schon belästigt hatten.
Ach, du sahst es ja an meinen Blicken!
Gerne, Vater, nähme ich dich mit,
doch niemand unterbindet diesen Schritt!

will in den Wald treten, aber der Vater stellt sich ihm in den Weg

Vater: Wir können über alles diskutieren,
kein Tabu soll unsern Geistesflug
durchkreuzen, dass an Höhe wir verlieren.
Wenn es sein muss, gehe ich mit dir
auf jedes Thema ein. Genug! Genug!
Denn es ist keine Nichtigkeit, was wir
gerade klären, sondern Gottes Wille!
Wenn du willst: Wir brauchen nicht zu hasten!

Lass uns unser Bündel niederlegen,
lass uns, wenn es sein muss, heute rasten,
lass uns sinnen, lauschen wir der Stille,
doch geh nicht dem Teufelsweib entgegen!

Amadeo: Ich folge ihr und zwar sofort!

Vater: Sei doch klug, mein Sohn, ich bitt dich!
Bleibe bei mir, geh nicht fort!
Die liebe Mutter musste scheiden
und hinterließ nur uns zwei Beiden.
Ach, und welchen Kummer litt ich!

Amadeo: Dann begleite mich!

Vater: Das geht nicht. Unser Weg ist der!
Im Meere rührt die Bosheit sich,
im Walde spukt das Ungerechte,
auf den Bergen weht das Schlechte
und der Krieg tobt ringsumher.
Warum die Menschen eines Tages
diese Schneise hier gegraben
und dann jede Wegeswindung
sorgsam aufgeschüttet haben,
hatte wohl seine Begründung.
An der wilden Arglist lag es!

Amadeo: Die List entzückt mich,
die Lust beglückt mich,
doch die Last erdrückt mich!
Ich gehe jetzt, hab keinen Groll,
denn ich werde nimmer glücklich!
Geh mit mir oder lebe wohl!

will am Vater vorbeigehen, aber der hält ihn fest

Vater: Ich lasse es nicht zu!

Amadeo: Geh mir aus dem Weg!

Vater: Keinerlei Verstand hast du
und kennst ja die Gefahren nicht!

Amadeo: Geh mir aus dem Weg!

Vater: Es bereitet mir Verdruss,
dass ich dich jetzt zwingen muss.
Doch viel zu kurz ist deine Sicht!

Amadeo: *versucht wieder vorbeizugehen, doch erfolglos*

Mach nur weiter so und schände
das Verhältnis noch am Ende,
doch glaub nicht, dass ich nicht kämpfen kann!

Vater: Du sprichst schon wie ein starker Mann
und bist noch bartlos, schwach und dünn.
Ich bin der Stärkere, nimm es hin!

Amadeo: *schmeißt sein Bündel auf den Boden und zieht sein Schwert hervor*

Noch einen Laut und einen Fuß
vor meinen Fuß und du wirst wimmern.
Dann lasse ich die Waffe sprechen
und gehe weiter, ohne mich zu kümmern.

Vater: Du willst kämpfen? Na, dann tu's!
Ich habe dich den Kampf gelehrt
und nun willst du mich niederstechen?!
Los! kämpfen wir! Ich hol mein Schwert!

nimmt sein Bündel von der Schulter

Amadeo: Du glaubst, ich schenkte einen Endkampf dir,
wo du gewisslich stärker bist?

verwundet den unbewaffneten Vater am Oberschenkel, dass er ächzend zu Boden stürzt

Meine Stärke ist die List.
Nur weg von hier!

springt wie ein junges Reh ins Dickicht, wo ihn die Finsternis verschluckt

*

II. Der unerwünschte Besucher.

Ein Tal aus Kiefern und Zypressen. Über einer kühlen Gumpe spannt sich ein blütenbehangener Felsenbogen.

Biene: Die Reizflut bereitet Vergnügen.
Der garstige Felsen verpufft
zu Farbenfontänen und Duft.
Nur massenhaft Blüten genügen!
Sie leuchten in sämtlichen Farben
und manche sind, ach! aus dem Osten!
Ich will jede einzelne kosten,
anstatt mit nur einer zu darben.

Frosch: Exotik ist nicht so gewichtig
wie tiefgründig-nahe Bekanntschaft.
Gerade die nächste Verwandtschaft
beflügelt das Liebesspiel richtig.
Cousinen und Schwestern erregen,
wie Fremde es niemals vermögen.

Enterich: Das eigne Geschlecht ist zu rühmen,
weil dieses alleine vereint,
was sonst nur im Spiegel erscheint.
Dagegen bei Weibsungetümen,
die nicht so bezaubernd wie wir sind,
empfiehlt es sich, sie in den Nacken
und grob in die Füße zu zwacken,
weil sie zur Vermehrung nur hier sind.

Fang-
schrecke: Den Pfiffigen ist es beschieden,
dass Fleischeslust doppelt besticht:
Befriedigt ein Männchen mich nicht,
so stellt mich sein Fleisch noch zufrieden.

Wasserfloh: Bevor ich dem Übel verfiel,
erfinde ich selber die Lüste:
Ich selbst bin's, den gerne ich küsste,
mit dem ich ein Kind kriegen will.
Ich selbst bin die Frucht meiner Lenden,
ganz ohne Gefahr und Exotik.
Das Schicksal und auch die Erotik
sind besser in eigenen Händen.

Biene: Was immer Entzücken bereitet,
zuletzt gibt's doch eine Devise:
Die süßeste Blüte ist diese,
die erstmals die Blätterchen spreitet.

Chorus: So wollen wir jung, immer jung sein,
getrieben vom lüsternen Schwung sein,
das Junge ist erstrebenswert,
das Alte nicht belebenswert!

Diana: *betritt mit ihren Nymphen das Wasserbecken*

Wo steckt denn schon wieder Hyale?

Psekas: Sie treibt sich wieder durch den Hain
auf eigne Faust.

Diana: Aber alle Nymphen
sollten heute bei mir sein!
Sagte ich das nicht, Phiale?

Phiale: Ich denke, schon.

Psekas: Ich weiß es sicher.
Und wieder einmal musst du schimpfen!

Krokale: *steckt Diana die Haare hoch*

Noch schlimmer ist: Ein jugendlicher
Menschensohn streift durch die Landschaft.

Diana: Ein Menschensohn?

Nymphen: Ein Menschensohn?

Rhanis: Vermutlich macht Hyale schon
mit diesem Menschensohn Bekanntschaft.

Phiale: Das glaubt doch niemand! Lass das Lästern!
Hyale war schon immer eigen.

Nephele: Es stimmt. Wie oft blieb sie schon fort!
So war es vor Jahren, so war es gestern.
Doch sie wirft niemals alles über Bord
und wird sich einem Menschenjüngling zeigen!

Diana: Das will ich hoffen!

Psekas: Aber wer
hat den Jüngling fortgetrieben?

Rhanis: Ich frage mich: Wieso ist er
nicht wie die andern dort geblieben?

Diana: Krokale, sprich: Was weißt du noch?

Krokale: Gar nichts weiß ich. Aber eben
sah ich ihn flüchtig durch die Bäume.
Er ging gerade das Gebirge hoch.
Ich konnte mir keine Erklärung geben,
mein Herz stand still – ich meinte, ich träume!

Diana: Hat er dich gesehen?

Krokale: Nein!
Ich habe mich sogleich verborgen
und kam hierher.

Diana: Er ist allein?

Krokale: Er ist allein und außer Sichtung.
Mach dir, Göttin, keine Sorgen!
Er geht in eine andere Richtung.

Diana: Dann ist es gut.
Ihr Nymphen wisst ja, was geschieht:
Es fließt das Blut
von dem, der mich beim Baden sieht.

Nymphen: Wer die Vertraulichkeit entehrt,
ist nicht mehr des Lebens wert.

Krokale: *wäscht Dianas Haar aus*

Du darfst dein Haar nicht bei den Gletschern,
wo die Schneegewässer plätschern,
oder sonst auf Bergen spülen.
Den Haaren tut
der Kalk nicht gut,
und du könntest dich verkühlen.

Diana: *in Gedanken*

Doch warum nicht fromm und artig
der Jüngling auf dem Schlossweg bleibt
und sich stattdessen durch die Wildnis
trotz sämtlicher Gefahren treibt,
find ich dennoch eigenartig.
Ich hatte doch des Schlosses Bildnis
gut sichtbar in den blauen Äther
wie eine Fahne aufgehängt.

Und doch gibt's diesen Übeltäter,
der seine Schritte seitwärts lenkt!

Nephele: Wie hast du's eigentlich gemacht,
dass niemand je das Schloss erreicht?

Diana: *kichert*

Das war leicht:
Ich hab es an der Unterseite
des Sonnenwagens angebracht.
Nun hängt es dort, von goldnem Licht umgeben,
als Fata Morgana blinkt es in die Weite.
Und alle Menschen müssen danach streben
und lassen uns auf diese Weise
in Ruhe baden und in Ruhe leben.

Phiale: Dann führt der Schlossweg nur im Kreise?

Diana: Runde für Runde
geht die Menschheit vor die Hunde.

Psekas: *der Göttin Wasser schöpfend*

Deine Glieder sind ganz wund.
Am besten wäre allenthalben,
die Füße sanft mit Öl zu salben,
und Granatapfelessenz
hält deine Hände hübsch gesund.
Ein Gefühl wie ewiglicher Lenz!

Phiale: Und wieso biegt so selten jemand ab?

Krokale: Weil dem Menschen oft nicht passt,
was wahr und nicht zu ändern ist:
Ungerechtigkeit und List
sind ihm vom Grunde auf verhasst.
Kurz und knapp:
Man liebt die Abkehr von der Welt,
um selbst zu schaffen, was gefällt.

Diana: Ferner müsste man auch d e n k e n,
um die Schritte fortzulenken.
Man müsste selbst die Pfade ziehen,
weil kein Schlossweg existiert.
Das ist den wenigsten verliehen.
Auch jene, welche denken könnten,
gehen mit den andern mit.
Es sind die ganz und gar Verwöhnten!

Sie suhlen sich im eignen Saft
und zum folgenschweren Schritt
fehlen ihnen Mut und Kraft.

Nephele: Es ist ja schon so lange her,
dass du das Wolkenschloss erzeugtest.
Just seitdem Aktaion fast
dein Geheimnis keck entdeckte
und sein eignes Hemd mit Blut befleckte.

Phiale: Just seitdem als großer Bär
Kallisto nachts vom Himmel leuchtet!

Diana: Wie sind mir die Geschichten so verhasst!

Nephele: Und dennoch wundert es mich sehr,
dass Jupiter es nicht bereut,
keine hübschen Opfergaben
und Huldigungen mehr zu haben.

Diana: Anfangs war er wirklich nicht erfreut.
Doch wir haben uns geeinigt
und mancher Zwist
– wie's häufig ist –
hat sich von ganz allein bereinigt.

Krokale: Bereinigt ist von allen Wunden
und dem Übel und dem Schmutz
nun auch dein anmutsvoller Leib,
auch die Verspannung ist geschwunden.
Doch bei allen Göttern: Bleib
auf alle Fälle
in der Quelle,
strecke wieder
deine Glieder
und entkrampfe
dich vom Kampfe.
Das dient deinem eignen Schutz!

Diana: Du hast recht.
Die Gesundheit und die Reinheit
bilden ewig eine Einheit.
Und Schönheit ist ja auch nicht schlecht.

*

Der Quell des Lebens.

Am bebenden Hang.

Amadeo: Nun braust der Sturm durch die spröden Wipfel,
der heiße Tag erlischt.
Es peitscht der Bach vom jähen Gipfel
hernieder und verwischt
der Vögel warnenden Gesang.
Nur Mut, nur Mut, 's ist nimmer lang!

In blauer abgehackter Linie
fällt ein Blitz als scharfer Säbel –
wie müde Greifen sinken Nebel,
es quietscht und qualmt die Pinie.

Die ausgedehnte Landschaft mir zu Füßen
spuckt ertrinkend Dampf und Blätter,
erblasst zuletzt im grauen Wetter.
Doch es zischeln unterdessen
all die wogenden Zypressen:
Kühner Wandrer, lass dich grüßen!

Blütenstaub umgarnt den Regen,
um verschnörkelnd jedem Hange
fesche Kleider anzulegen.
Nur Mut, nur Mut, 's ist nimmer lange!
Dann sollst du zu den Göttern finden
und ewig zwischen Gleichgesinnten
dich bewegen.

Heißa! auf schwindelnden Bergeshöhn
zwischen schmucken Marmorbildern
und vergessenen Ruinen,
die im Efeu längst verwildern,
steh ich stolz dem Donnerregen,
dem Sturzbach und dem Sturm entgegen,
den Wahrhaftigen –
den Gewaltigen –
den höchsten Mächten nur zu dienen!
Keine Sintflut macht mich wanken:
Wuchtig schlägt das Herz in meiner Brust!
Dir, schöne Jungfer, muss ich danken
für diese Liebe, diese Lust!

Dem Launenspiel, dass Herzen höher schlagen
und jäh verstummen, trotzen wir vergebens:
Der Sinn, der Grund, die Antwort aller Fragen
wohnt in der Brust als schäumendes Getriebe.
Senkt, Götter, euer Haupt! Der Quell des Lebens
ist m e i n Besitz, denn mir gehört die Liebe!
Kein Sterblicher hat je geliebt wie ich!
Der Menschen dürftiges Gefühlchenfließen
vereinigt nur in meinem Herzen sich,
um wilde Wasserfälle aufzugießen.

Geschaffen, um selber zu schaffen – es war
mein Herz sich der Macht seines Tuns nie bewusst.
Was kam, was da hielt, was da ging immerdar,
erquickte sich endlos am Quell meiner Brust.
Du liebliches Kind! deine schöne Gestalt
hat mir wie ein Schlag die Gewissheit gebracht:
Jedes Geschöpf, jede Blume, den Wald,
alles, was lebt, habe ich dir gemacht!

Ich schicke dir den Morgenschimmer,
wenn ein schwerer Traum dich drückt.
Dann weißt du, dass Aurora immer
dich mit Spiel und Tanz beglückt.

Ich schicke dir den Veilchenduft,
Hibiskus und den Frühlingsflor,
sowie nach Blumen als Dekor
und Blütenöl dein Busen ruft.

Ich schicke dir das Rossgespann,
das stets den Sonnenwagen führt,
damit er dich erwärmen kann,
wenn dir der Leib vor Kälte friert.

Ich schicke dir die goldnen Bienen,
wenn es dich nach Früchten drängt.
Mit Feigenfleisch und Apfelsinen
seist du fürderhin beschenkt.

Ich schicke eines meiner Rehe
dir in den Olivenhain,
damit es dir zur Seite stehe,
fühlst du dich einmal allein.

Ich schicke dir ein ganzes Heer
Johanniskäfer, wenn es dunkelt,
dass es dir recht traulich funkelt,
werden deine Lider schwer.

Ich schicke alle Nachtigallen
mitternächtens zu dir hin,
dass ihre süßen Melodien
als Träume in dein Bettchen fallen.

Ich schicke dir, was dir gefällt:
Den Berg, das Tal, das Sternenzelt,
das Land, das Meer, die ganze Welt,
dass du ein Bild dir davon machst,
was du in meinem Herz entfachst.

Geschaffen, um selber zu schaffen – es war
mein Herz sich der Macht seines Tuns nie bewusst.
Was kommt, was da hält, was da geht immerdar,
erquickt sich am Quell meiner liebenden Brust.
Ein Jedes soll dir ein Geleit, ein Vergnügen,
ein Hüter, ein Freund und ein Zeitvertreib sein,
als Dank, denn durch deinen entzückenden Schein
hab ich das gelobte Gebirge erstiegen.

Hyale: *Amadeo wieder heimlich beobachtend*

Von den Pinien, kreuzgefährlich,
krachen Zapfen auf die Erde.
Wie im Kriege so beschwerlich
schafft der Mausebock sein Mäuschen,
die Füchsin rasch ihr Kind ins Häuschen,
dass jeder Schatz behütet werde.
Die Bäume biegen sich,
die Halme wiegen sich,
doch rings im Tal, kein Haar bewegend,
liegt ersoffen alle Gegend!

Zwei Eulen im gerupften Kleide,
geistig immer leicht umnachtet,
grau und staubig – hässlich beide
und von aller Welt verachtet,
schmiegen sich im Oleander
schnäbelknirschend aneinander,
um im Regen roter Blüten
lieb einander zu behüten.

Immer wenn in Not und Tod
die Erde zu zerbrechen droht,
wird allen Wesen wieder klar,
wie schön es mit den Liebsten war.
Die Harmonie ist stets am größten,
wo Geschädigte sich trösten.

Bin ich Gottheit? Bin ich Opfergabe?
Wie fröstle ich!
Nie habe ich Ähnliches gesichtet,
nie ähnlich Schönem still gelauscht,
nie so herrliche Gestalt geschaut,
als nun bei jenem, der da dichtet!
Ist's er, mit dem ich jüngst geplauscht,
dem ich mein Antlitz anvertraut
und den ich keck verspottet habe?
Oh! meint er mich?

Was ist das für ein Mensch, der's schafft,
dass meine Wangen heiß erröten,
obgleich sich Lieb' und Leidenschaft
zu Menschen allemal verböten.
Liebe ist nicht nymphenhaft!
Doch ich spüre mir im Busen
alles brennen, hitzig brennen!
Wünsche, gar nicht zu benennen,
reizen mich wie wilde Flammen:
Mensch! Ich will mit dir zusammen
turteln, herzen, kosen, schmusen,
von der Stirne, deinen Lippen
gierig alle Tropfen nippen!
Mein Leib ist hier! Erhasche ihn,
küsse, koste, nasche ihn!
Amadei! Ach! mich deucht,
nicht die Hitze lässt mich knistern,
nicht der Regen macht mich feucht:
Du alleine machst mich lüstern!
Ich bin hier! Erhöre mich:
Entführe und betöre mich!
Du, den alle Musen küssten,
gib dich hin, den Leibsgelüsten,
dass das Eis auf Erden taut!

Herz an Herz und Haut auf Haut,
verwirrt, verschlungen und vertraut,
nimm mein Vertrauen und verlier es,
hör mein Nein und ignorier es,
lass mich Gott und Sklavin sein,
dring tiefer, tiefer in mich ein!

Amadeo: *wird Hyalen gewahr*

Mädchen? Nymphe? Bist es du?

Hyale: Jetzt hat er mich entdeckt!
Jupiter! nur fort im Nu
und im Blätterwerk versteckt!

Amadeo: Diesmal nicht, ich bitte dich!
Wegen dir, du schöne Nymphe
habe ich den Weg verlassen.
Und seit Tagen wandre ich
schon durch die Felsen und die Sümpfe,
nur um dich nochmal zu sehen!

Hyale: Das ist ja nun geschehen!

Amadeo: Wie könntest du mich nur so hassen?
In deinem Innern seh ich's noch,
du neckst mich und verstehst mich doch.

Hyale: Ich hass dich nicht! Wie kommt es aber,
dass du mich jetzt Nymphe nennst,
und mich nicht närrisch und makaber
als ein Teufelsbild erkennst?

Amadeo: Ach, das war doch dümmliches Gelaber!
Wer einen Fuß vom Wegrand hebt,
der merkt sofort, dass alles Wesen
auf der Welt sich widerstrebt.
Schon nach Sekunden ist man dorten
von dem Herrgott jäh genesen
und sieht die Gottheit allerorten.
Die Teufel waren Faune nur
und der Engel hieß Merkur.

Hyale: *lacht*

Und was machst du so allein,
jetzt, wo du in der Wildnis bist?

Amadeo: Jetzt, wo das geschehen ist,
was ich hoffte: Dass du da bist!
Ach, was sollte ich noch müssen,
wenn du mir, wie jetzt, so nah bist,
außer dich ...

Hyale: ...außer mich?

Amadeo: *zittert*

Die Welt liegt voll vor meinen Füßen,
prächtiger noch, als ich dachte,
alles, was ich früher machte,
kann ich zehnfach hier genießen!
Alles kann ich tun und lassen,
alles riechen, schmecken, fassen,
alles tun, was wunderbar ist!
Was nur sollte ich noch müssen,
wenn die Welt, wie jetzt, so nah ist,
außer dich ...

Hyale: ...außer mich?

Amadeo: Außer dich ... zu ... zu küssen ...

Hyale: Das war ja klar,
dass solche Sehnsucht an dir nagt!

Amadeo: *zögert*

Du hast nicht Nein gesagt.

Hyale: Das ist wahr.

er nähert sich ihr zaghaft, die Lippen berühren sich, erst schüchtern, dann stürmisch

*

Schwelgen.

Kühles Wetter, warme Brise. Das Plateau liegt in violettes Licht getaucht. Fern über der Küste gewittert es.

Hyale: Ich sah, es war vor Tag und Jahr,
ein Jägermädchen ziehen.
Sie wollte vor dem Winter fliehen,
der jäh gekommen war.
Die weiße Pest mit totem Hauch
erreichte schon das Tal.
Die Klippen stöhnten voller Qual,
die Bäume stöhnten auch.
Die Mammutherde zog vorüber,
durch die verschneite Klamm.
Ein Auerochs lag tot im Schlamm,
Schakale krochen drüber.
Verödet lag die Welt hienieden,
doch sie marschierte schnell
und schmiegte sich ins Bärenfell
und war darum zufrieden.
Da saß ein Kind an einer Föhre.
Das hätte sie gebeten,
ein Stück des Felles abzutreten,
bevor es noch erfröre.

Hab Mitleid, Mitleid mit mir armen,
ich leide größte Not!
Der frühe Winter ist mein Tod,
hab Mitleid und Erbarmen!
Ein Federkleidchen wärmt den Zeisig,
ein Fell das Murmeltier,
ich aber sitze barfuß hier,
ganz ohne Glut und Reisig!

Ich riet der Jägerin zu gehen,
doch war sie nicht so kühl
und konnte ihrem Mitgefühl
nicht länger wiederstehen.

Hab Mitleid, Mitleid mit mir armen,
ich leide größte Not!
Der frühe Winter ist mein Tod,
hab Mitleid und Erbarmen!

Ein Federkleidchen wärmt den Zeisig,
ein Zottelfell das Ren,
nur ich muss ohne Kleider gehn
und mir ist doch so eisig!

Vom Berge rollten raue Winde,
doch sie hielt dennoch an,
zerschnitt das Bärenfell sodann
und teilte mit dem Kinde.
So dankbar, wie das Kind da war,
so rasch die Kälte gleitet
und wo sie auf der Haut sich breitet,
wird alles steif und starr.
Nachts rammte beide so der Wind,
wie sie ihn nie gefühlt.
Sie waren bald so unterkühlt,
wie es die Gletscher sind.
Die weiße Pest mit totem Hauch
erfüllte schon das Tal.
Die Klippen ächzten voller Qual,
die Bäume ächzten auch.
Doch plötzlich stieß das Morgenrot
den Frost zum Berg zurück.
Und jedes Tier war voller Glück,
doch Kind und Jäg'rin: Tot.

betretenes Schweigen

Phiale: Nur einmal kommt ein Mensch hierher
und, Freundin, du erschreckst ihn gleich.
Schau! Amadeo ist so bleich,
als ob auch er gestorben wär.

Amadeo: *liegt in Hyalens Schoß*

Das ist nicht wahr.
Ich dachte nur an die Geschichten,
die auf dem Schlossweg immerdar
die Menschen selbst erdichten.
Die Moral ist ganz verschieden,
dort zählen Mitgefühl und Frieden.

Hyale: Du darfst mich doch nicht falsch verstehen:
Ich habe gerne meinen Frieden.

Phiale: Vom Haaransatz bis zu den Zehen,
die ganze Nymphe ist bequem.

Hyale: Auch du legst gern die Füße hoch,
und siehst am Faulsein kein Problem.

Phiale: Es stimmt schon. Aber gib es zu:
Die faulste Nymphe hier bist du,
das warst du einst und bist es noch!

Amadeo: Ich weiß nicht, ob ihr mich verstanden
habt …

Hyale: Und Mitgefühl ist auch vorhanden.

Phiale: Niemals haben wir verachtet,
was wir glücklich hingeschlachtet.
Die Tränen aller Kreaturen,
die wir töten, hinterlassen
hier im Herzen ihre Spuren.

Nach Diana ist der Grundsatz so zu fassen:
Was du vermeiden kannst, vermeide!
Was nötig ist, das lass bestehen!
Der Tod ist niemals zu umgehen,
Tortur und Folter sind es beide.

Hyale: Dass der Hirsch sich niemals quäle,
schieß ich direkt durch die Kehle.
Kleinen Tieren in der Flur,
wie Hasen, Hühnern oder Nerzen,
schieß ich mitten in die Herzen,
so präzis wie Amor nur.

Amadeo: Das ist ganz anders auf dem Wege:
Friedlichkeit ist nicht gleich träge,
sondern ein erlesner Wert,
der das Kämpfen unterbindet.

Nymphen: Das Kämpfen unterbindet?

Amadeo: Jawohl, die Körper bleiben unversehrt,
weil keiner sich mehr schlägt und schindet.
Dort ist Frieden eine Tugend.

Hyale: Klar ist, dass zur Sonne lugend
jeder Mensch alsbald erblindet.
Dass er sicher sei vor schlimmen
Taten, muss er blind vertrauen.
Will man aber selbst bestimmen,
darf man nicht auf andre bauen.

Phiale: Die Rinder kamen aus dem Wisent,
die Ziegen kamen aus der Gams.
Das Vieh – durch blöde Eintracht kam's
und war doch stolz vor langer Zeit.

Hyale: Die Grenzen zwischen Friedlichkeit
und Knechtschaft waren immer fließend.

Amadeo: *nachdenklich*

Gewiss! Erfindung, Lug und Trug
war der ganze Wegverlauf!

Hyale: Liebling, gräme dich doch nicht,
auch uns tut sich kein Schlossweg auf.
Alle Pfade hier auf Erden
müssen selbst eröffnet werden.
Nimm einen Schluck aus diesem Krug
und entrunzle dein Gesicht!
Es ist egal, ob Krieg, ob Frieden,
ob Not, ob Wohlstand uns beschieden
oder stets verweigert ist,
solang man jeden Schluck genießt.

Amadeo: *trinkt*

Was ist das für ein dicker Nektar?
Ein Schluck allein
schmeckt ach so fein,
doch ist kaum trinkbar, eher schleckbar.
Die Tropfen – funkengleich – besprenkeln
Mund und Hals!
Noch heißer als,
Hyale, du an deinen Schenkeln!

Phiale: Verzeihung, ich bin auch noch da.

Hyale: Das ist das Getränk der Freiheit.
Trotz jeder Unannehmlichkeit
bezwingt's die Feigheit und die Scheuheit
und berauscht zur selben Zeit,
sodass man sich die Lippen leckt.

alle drei zunehmend angeheitert

Amadeo: Das muss doch tödlich ungesund sein!
Das alleine kann der Grund sein,
dass es so fantastisch schmeckt!

Phiale: Man merkt, dass du vom Schlossweg bist.

Amadeo: Wieso?

Phiale: Weil unsere Devise ist:
Stoffe, die den Geist betören,
werden auch den Leib nicht stören.

Amadeo: Das gefällt mir. Hui, mich dreht's!

Hyale: Ja, ich spüre den Nektar auch,
erst prickelt's mir in Brust und Bauch
und dann im Kopf. So ist es stets.

Amadeo: Eine weitere Geschichte
wäre jetzt mein größtes Glück!

Hyale: Gewiss!
Es gibt sehr herrliche Gedichte,
manche lehrte mich Nephele.
Spitz die Ohren! Ich erzähle
dir das schönste Liebesstück:

Echo und Narziss.

Die süße Lust treibt Echo, den zu drängen,
der Hirsche jagend durch die Sträucher bricht.
Sie küsst ihn, doch Narziss erwidert nicht.
Lass ab! spricht er: Nie lass ich mich beengen

und bleibe hier! – Und flieht aus ihren Fängen.
Bloß: Bleibe hier! die Nymphe Echo spricht.
Beschämt deckt sie mit Laub ihr Angesicht
und lebt fortan in schwarzen Höhlengängen.

Doch weh! wen schaut Narziss im Bergquell dort?
Ein Jüngling nie gekannter Schönheit füllt
mit brennendheißer Leidenschaft sein Herz.

Doch unerreichbar ist der Schatz! Vor Schmerz
vergeht er schließlich vor dem Sehnsuchtsbild.
Ein gelbes Blümlein bleibt am Todesort.

Amadeo: Das ist so nett und doch so schaurig.

Ob Liebende von Hindernissen
jederzeit gestört sein müssen?
Ach, mein Schatz, das wäre traurig!

Hyale: Mit dem liebenden Empfinden
ist es wohl wie mit den Linden,
die bei Dürre sich entzünden,
mit den Pilzen, die sich winden,
nur, um wieder zu verschwinden,
mit dem Wasser in den Gründen,
das verpufft, um frisch zu münden:
Es muss sich stetig neu erfinden.

Phiale: Aber eines wundert mich.
Amadeo … wieso bist du eigentlich
vom Weg gegangen?
Lag das einzig an Hyalen?

Amadeo: Seit ich lebe, litt ich Qualen,
wenn ich in die Wildnis sah.
Es war ein tiefes inneres Verlangen
nach der Natur, nach dem Motiv des Seins,
denn auf dem Schlossweg gab es keins.
Ja, und dann war noch Hyale da.
Ich sah das Meer in ihren Augen tosen,
ich hörte Lerchen aus der Stimme schlagen,
ich roch Jasmin und tausend wilde Rosen
und flehte: Ferne Heimat, darf ich's wagen?

Hyale errötet

Phiale: Ach, Freundin, du hast's gut getroffen.
Der größte Dichter aller Zeiten
wird dich fürderhin begleiten!

Hyale: Und ihm steht alle Welt jetzt offen!

Amadeo: *steht auf*

Ein Grund zum Feiern!
Nie war ich so froh wie heute!
Lassen wir die frommen Leute
auf dem Schlossweg weiterleiern.
Lasst uns feiern! Lasst uns singen!
Ich will euren Liedern lauschen,
die so seltsam anders klingen,
und mich mehr und mehr berauschen!

Phiale: Vielleicht das Lied vom Jägerglück?

Hyale: Nein, das wäre ihm nicht recht,
das holpert nur und reimt sich schlecht,
da springt er gleich zum Weg zurück.

Phiale: Dann vielleicht das Heuschreck-Lied?

Hyale: Das kann ich nicht.

Phiale: Ich sing's euch vor.
Ihr singt bei Fiedelbum nur mit.

Amadeo: Ich bin ganz Ohr.

Phiale: *trinkt noch einen Schluck, räuspert sich*

Ein Heuschreck voll Gemütlichkeit,
hopp hopp, hopp hopp, schrumm schrumm,
der fiedelte die ganze Zeit
auf seiner Geige rum.

Chorus: Fiedelbum!

Phiale: Er sang und spielte jeden Tag,
hopp hopp, hopp hopp, schrumm schrumm,
und machte sich mit Müh und Plag
doch lebenslang nicht krumm.

Chorus: Fiedelbum!

Phiale: Die Ameis sorgte, armer Tor,
hopp hopp, hopp hopp, schrumm schrumm,
inzwischen für ihr Alter vor
und hob ein ganzes Trumm.

Chorus: Fiedelbum!

Phiale: Den Heuschreck kritisierte sie,
hopp hopp, hopp hopp, schrumm schrumm,
und lauschte nie der Melodie
und fragte nie, warum.

Chorus: Fiedelbum!

Phiale: Sorg vor, du Heuschreck, sagte sie,
hopp hopp, hopp hopp, schrumm schrumm,
sei fleißig, Wohlstand währet nie,
sorg vor und sei nicht dumm!

Chorus: Fiedelbum!

Phiale: Der Heuschreck aber lachte nur,
hopp hopp, hopp hopp, schrumm schrumm.
Das Leben, sprach die Frohnatur,
ist viel zu schnell herum!

Chorus: Fiedelbum!

Phiale: Der Wohlstand dient dem Müßiggang,
hopp hopp, hopp hopp, schrumm schrumm,
im Grabe bin ich ach so lang
noch geigenlos und stumm!

Chorus: Fiedelbum!

Phiale: So ging es viele Jahre lang,
hopp hopp, hopp hopp, schrumm schrumm,
die Ameis schalt, der Heuschreck sang
und scherte sich nicht drum!

Chorus: Fiedelbum!

Phiale: Die Zeiten wurden wirklich schlecht,
hopp hopp, hopp hopp, schrumm schrumm,
von aller Plackerei geschwächt
fiel bald die Ameis um!

Chorus: Fiedelbum!

Phiale: Der Heuschreck sang ihr Trauerlied,
hopp hopp, hopp hopp, schrumm schrumm,
und erbte gleich, als sie verschied,
ihr ganzes Eigentum!

Chorus: Fiedelbum!

*

Hochverrat.

Im Tempel. Eidechsen huschen über die verfallenen Säulen.

Diana: Du schwindelst doch!

Rhanis: Es ist die reine Wahrheit.
Der dreiste Menschensohn
hat mit Hyalen schon
vor Tagen sich vereint.

Diana: Drum war sie nie zugegen, wie mir scheint.
Fürwahr! Nun hab ich endlich volle Klarheit!
Ein Mensch ... ein Mensch. Was findet sie daran?

Rhanis: Er dichtet wie ein Gott,
das zieht auch Nymphen an.

Diana: So ein Luder! Das wird Ärger geben:
Nur wenn sie ihn verlässt, lass ich ihn leben!

Rhanis: Du kennst nicht das Komplott!

Diana: Komplott? War das denn nicht Komplott genug?

Rhanis: Ich hab im Holderbusch versteckt gelauscht,
Phiale und die beiden war'n berauscht …

Diana: Phiale?!

Rhanis: Ja, auch sie trank aus dem Krug,
sie sang mit beiden, zügelte sich nicht
und log dir später rotzfrech ins Gesicht.

Diana: Ich muss mich setzen.

Rhanis: Halt dich lieber fest:
Der Menschensohn ist gestern aufgebrochen
zu Apoll, dem Wagen und dem Bildnis,
das auch seinen Vater folgen lässt,
um es zu tilgen. So hat er gesprochen.

Diana: *außer sich*

Genug!! Wenn er das Wolkenschloss zerstört,
dann strömen alle Menschen in die Wildnis!
Ist das klar?!

Rhanis: Auch ich bin ganz empört!

Diana: Hyale! Bring mir Hyale her!

Rhanis: Aber, liebste Göttin! niemand weiß,
wo die Nymphe augenblicklich wär.
Vielleicht ist sie jetzt mit ihm bei Apoll.

Diana: Ach was! Dort ist es ihr doch viel zu heiß!
Hinaus!

Rhanis: Ich verstehe deinen Groll,
aber …

Diana: Schwärme aus und suche sie!
Vergehen wird ihr noch ihr falsches Küssen!
Vieles hab ich schon erdulden müssen,
aber solchen Hochverrat noch nie!
Hinaus!

Hyale: *betritt den Tempel*

Du brauchst nicht so zu schrei'n.
Die Bäume und die hohen Tempelmauern
stürzen unter deinem Zorn noch ein.

Rhanis: Du hier?

Diana: Oh! Das sollst du noch bedauern!
Rhanis! geh und lass uns zwei allein!

Hyale: Und glaube nicht, dass er und ich nicht wüssten,
dass der Neid dich küsst, seit wir uns küssten.

Rhanis mit rotem Kopfe ab

Diana: Mir fehlen alle Worte! Wie nur konntest
du mir derart in den Rücken fallen,
die du immer glücklich doch mit allen
Nymphen dich an meiner Seite sonntest?
Sich an einem Menschenleib zu laben,
ist für sich allein schon unverzeihlich.
Hundertmal infamer ist es freilich,
meine Pläne frech zu untergraben.

Hyale: Er wollte seinen Vater wiedersehen.
Weißt du, Göttin, auf dem Schlossweg geht der.
Aber mit dem Wolkenschloss im Äther
wird er nimmer in die Wildnis gehen.
Und überhaupt: Was sollte ich da tun?
Ich hab ihm sicher nicht dazu geraten.

Auch wenn wir uns innig lieben nun,
so bleiben seine Taten s e i n e Taten!
Niemals würde ich es wagen,
ihn zu mahnen und zu sagen,
was er tun und lassen sollte.
Einzig dann, wenn er es wollte.

Diana: Nun gut, dann lass ihn nur so weitermachen,
doch wer meine Pläne kreuzt, Hyale,
dem vergehet ähnlich wie dem Wale,
den der Leichtsinn stranden ließ, das Lachen.
Was der Mensch vom Sonnenwagen reißt,
hab ich geschwind dort wieder aufgehängt,
bevor die Meute in die Wälder drängt.
Was, wenn es hängen bleiben soll, doch heißt,
dass ich den Menschensohn ermorden muss.

Hyale: Was?! Ermorden?

Diana: Ich hab keine Wahl.
Sein Todesfall und deine Herzensqual
sind die Revanche für Ärger und Verdruss.
Dein Fehltritt wäre dann im großen Ganzen
aus der Welt geschafft. Du dürftest bleiben
und mit uns das Wild zu Tode treiben.
Doch niemand darf mir auf der Nase tanzen!

Hyale: Du wirst ihn nicht ermorden!
Wie uns die Olympier lehrten:
Viel zu schnell sind aus Gefährten
Feinde auf den Tod geworden!

Diana: Das Küken spricht vom Eierlegen.

Hyale: Es wäre möglich, dass ich dächte,
wie ich mich an dir wohl rächte.
Dein Geheimnis käme mir gelegen.

Diana: *brodelt*

Treib es nicht zu weit!

Hyale: Es gäbe ja die Möglichkeit,
dass nach dem Mord an meinem Schatze
ein Geheimnis aus mir platze.

Bei den nächsten großen Festen
wär der Augenblick am besten,
dass Aktaions Fallgeschichte
ich aus Nymphensicht berichte.

Diana: Ich warne dich:
Du bereust es, wenn du mich erpresst!

Hyale: Ja doch, töte mich und töte dann Phiale.
Dann kommen auch Nephele und Krokale,
ei! und stellen hinderliche Fragen.
Sind diese tot, dann kommt der blöde Rest.
Dann kannst du bald alleine jagen.

Diana: Dass ich nicht lache!
Weißt du, was ich mit denen mache,
die mich so wie du betrügen?

Hyale: Ich hab dem nichts hinzuzufügen!

Diana: *öffnet den Mund, besinnt sich, wird ruhiger*

Wer hätte wohl gedacht, dass Menschenliebe
zwischen uns zwei solche Keile triebe?

Hyale: Es ist mir auch ganz arg, doch zweifelsohne
denke ich an mich und meine Freuden.
Ich denke nur daran, wie ich dich schone,
wenn sich unsre Interessen schneiden.
Du weißt es ja:
Alle hätten gleiche Rechte,
wenn jeder an sich selber dächte.

Diana: Früher waren viele Menschen da.
Sie huldigten und priesen mich tagtäglich
hier im Tempel würdevoll und kläglich.
Manchen half ich, die sympathisch waren,
andre würdigte ich keines Blickes.
Durch Aktaions scheußliches Gebaren
hatte ich sie aber plötzlich satt!
Ja! jeder ist der Schmied des eignen Glückes,
mein Glück findet im Geheimen statt.
Die übrigen Olympier haben sich
doch auch von allen Menschen losgesagt,
Jupiter, Apoll, Merkur – nur mich
umringten Menschen! Mich! die Göttin der Jagd!

Hyale: Lass uns eine Übereinkunft treffen:
Du bringst niemals Amadei um
und dein Geheimnis bleibt gewiss geheim.

Diana: *überlegt*

Gleichwohl, du Früchtchen! Du bleibst stumm
und ich erstick mein Mordgelüst im Keim
und lasse meinen Hund vergebens kläffen.

reichen sich die Hände

Amadei heißt dein Dichterkönig?
Ha! Das belustigt mich ein wenig.

Hyale: Er ist ganz reizend, Göttin, du wirst sehen!

Diana: Lass ihn diesen Tempel hier betreten,
lass ihn huldigen und lass ihn beten!
Er sei bei jeder Jagd von mir gesegnet,
aber niemals darf es mehr geschehen,
dass ein Mensch im Walde mir begegnet!
Gib darauf acht, dann darfst du auch allein
bei mir als Dirne zwischen Jungfern sein.

Hyale: Ich werde mich bemühen.

küsst Dianas Hand und ab

Diana: Mein Versprechen:
Ich werde diesen Pakt nicht brechen.
Rhanis! Rhanis! Schick dich und komm her!
Du hockst doch irgendwo im Blätterwirrwarr!

Rhanis: *betritt zögernd den Tempel*

Woher wusstest du, dass ich zugegen wär?

Diana: Weil das Lauschen immer dein Pläsier war.
Hör nun zu: Ich musste mit Hyalen
leider einen bösen Pakt beschließen.
Ach, ich darf nicht nach dem Menschen schießen,
aber er soll trotzdem noch bezahlen.
Jeder Akt braucht seinen Zwist,
jeder Pakt braucht seine List.
Das heißt, wenn es verboten ist,
einen Menschen umzubringen,
muss man ihn zum Selbstmord zwingen.

*

III. Der Dichtergott.

Schwarz und schaurig erhebt sich die See.

Triton:

Wogen steigen, Wogen schwellen,
Flut und Lüfte: Werdet Schaum!
Entschlüpftest du den süßen Quellen,
stirbst du im Gebraus der Wellen,
stirbst im größten Lebensraum.

Wer diese Grenze überschreitet,
wird zu Schaum, zu weißem Schaum.
Wer nicht mehr auf den Wogen reitet
oder unter ihnen gleitet,
überlebt den Fehltritt kaum.

Ein blaues Ballkleid ist die Brandung,
wo sie Falten wirft, ist Schaum.
Vom Glitzerprunk bis zur Versandung:
Manchen schmeichelt die Gewandung,
manchen würgt der enge Saum.

Delfine: *erscheinen, Amadeo hält sich an ihnen fest*

Des hohen Meeres Wogendach
ist nur ein aufgetürmter Rest,
steigt hinauf mit Ach und Krach
und klebt indes am Hause fest.
Was da springt mit freier Miene,
schau genau, das sind Delfine!

Amadeo:

Tragt mich fort, tragt mich fort,
zur weiten See, ihr heiteres Getümmel!
Der Sonnenwagen fährt von dort
doch jeden Morgen wieder nach dem Himmel!

Wie heuchelt doch das Mittelmeer
so oft mit seinem sanften Fließen,
dass es vollends friedlich wär!
Doch direkt unter meinen Füßen
treiben Schemen schwarz wie Teer
gleich Wolkenschatten hin und her.

Die schwarze See begehrt nach Blut
und was sie trinkt, das bleibt verborgen:
Hämisch lacht der nächste Morgen.

Schützt mich, ihr verwandte Brut,
ihr klügsten aller Meeresfische,
dass kein Untier, keine Flut
noch meine Spur im Meer verwische.

Delfine: Menschenfreunde waren wir,
noch heut von Arion berauscht.
Alles Meer und Seegetier
hat sich im Lyrenspiel gebauscht!
Dichter, nimm das Meer als Bühne,
Beifall klatschen dir Delfine!

Nereïden: Steig herab, aus deinen Lüften,
Stuf' um Stufe in das Dunkel,
oben sind die Fische bunter,
aber unten gibt's Gefunkel!
Steig herunter, steig herunter,
tief zu unsern feuchten Schlüften!

Amadeo: Ich liebe es, nach hübschen Blüten
und den Rosen mich zu neigen,
doch ich werde mich wohl hüten,
auf den Meeresgrund zu steigen.

Nereïden: Steig herab, du holder Dichter,
lange waren wir allein,
kein Orpheus macht uns heute munter,
kein Gedicht hüllt uns noch ein.
Steig herunter, steig herunter,
mach das trübe Leben lichter!

Amadeo: Ist das der Grund, warum ihr lüstern,
wie Sirenen mich verlockt,
damit von euerm Sang und Flüstern
baldigst mir der Atem stockt?

Nereïden: Sirenen?
Keinerlei Gemeinsamkeiten
haben Nymphen mit all denen!
Doch ein Mensch kannst du nicht sein.
Wir sahen noch zu keinen Zeiten
direkt nach dem Sonnenschein
vergängliche Geschöpfe ziehen.
Das ist Göttern nur verliehen.

Amadeo: Ihr irrt! Bedenkt die Bändigung des Feuers!
Als die Menschen blöde Affen waren,
ferne jedes Tempels und Gemäuers,
feig und ungeschickt, so stellte sich
manch Auserwählter aber den Gefahren,
wo der Rest schon vor den Funken wich.
Was folgte? Die Dressur der roten Flammen
unterwarf die Tiere all zusammen!

Seht her! Der Auserwählte bin nun ich!
Die Hitze brennt! so sprachen einst die Affen,
Größenwahn! und Hochmut vor dem Fall!
so sprechen Menschen heute überall,
die sich vermehren, aber niemals schaffen.

Fische: Hört ihr nicht die Räder rasseln?
Wenn die Nacht am längsten dauert,
rast das Ungetüm heran!
Lange hat es still gelauert,
aufgepasst, nun greift es an!
Auseinander! Auseinander!
Sonst verbrennt mit seinem Prasseln
euch der grimme Salamander.

Triton: Wogen schwellen, Wogen steigen,
ein Gebirge wächst im Schaum!
Apoll macht sich die Welt zu eigen,
golden wird das Meer sich zeigen,
leichenblass der Weltenraum.

Entschlafen ist das ferne Schweigen.
Weit vom Land her bis zum Schaum,
um goldnen Zucker auf den Feigen
und Liebkosung in den Zweigen
bitten wieder Busch und Baum.

Zur Ruhe nun, du bunter Reigen,
bette dich in weichen Schaum!
Das Landvolk mag sich nun verneigen,
unsereins muss tiefer steigen,
in den schönsten Schaum: den Traum!

Apoll: *bricht mit seinem Sonnenwagen aus den Fluten*

Guten Morgen, guten Morgen,
Müßiggänger, aufgewacht,
vorbei die Nacht.

Aurora! Raus aus deinem Bett!
Mach dir keine Sorgen,
dass Apoll verschlafen hätt,
so pünktlich wie die Sonnenuhr
ist sowieso die Sonne nur!
Zieh an, du feuriges Quartett!

Amadeo springt auf, der Wagen schießt in den Äther, die See mit all ihrem Getümmel bleibt zurück

Heiho! ein blinder Passagier!

Amadeo: Ich bin so frei!

Apoll: Ich bin empört!

Amadeo: Nimm's nicht übel, Gott der Künste,
bin ich doch ein treuer Lehrling
und der Menschen allerkühnste,
der vom Schlossweg bis hierher ging
und auf Amadeo hört.

Apoll: Ein Mensch? Wie wunderbar!
Selten ist solch tapferer Besuch!
Nur hin und wieder kam zu mir
ein Götter-, Halbgott- oder Nymphenweib,
wenn mir hier oben reichlich einsam war.
Doch Frauen, Amadeo, sind ein Fluch:
Wollen meinen Leib und nichts als meinen Leib!
Schon zwanzig Kinderlein entsprangen
diesem scheußlichen Verlangen!

Amadeo: Man hat's nicht leicht!

Apoll: Und manchen Kindern
genügt noch nicht einmal das Kindsein,
sie wollen selbst den Wagen fahren
und wie ihr Vater so geschwind sein.
Ich roch Verderben, sah Gefahren,
doch Phaeton konnte ich nicht hindern.
Ach! Amadeo, denk dir nur,
du warst da wohl noch nicht geboren:
Als wenn's eine Sandale wäre,
kam ihm das Rossgespann abhanden!
Herrje! Die Bäume und die Tempel brannten
und Asche überzog die Flur.
Verräuchert ward die Atmosphäre
und kohlenschwarzgebrannt die Mohren.

Amadeo: Ist das Fahren denn so schwer?
Trotz der Pferde?

Apoll: Ha! so schwer?!
Keine Geschäfte
brauchen der Kräfte
und des Wagemutes mehr!
Außer die Frauen,
die sich verschauen
oder selbst vergöttert werden.
Da ist es wie bei Feuerpferden!

Amadeo: Wenn es wie bei der Liebe ist,
so kannst du mir die Zügel reichen.
Ich will diesen siegesgewissen
Pferden schon einzuheizen wissen,
dass sie allesamt erbleichen!

Apoll: Oho! wie selbstbewusst du bist!
Dann zeige mir, was du vermagst!
Und verhält es sich so, wie du sagst,
dann bitt ich dich, mich abzulösen.
Ach, ich würde gern noch etwas dösen.

gähnt

Amadeo: Riefst du nicht: Vorbei die Nacht?

Apoll: Pah! Es bleibt ein göttliches Vergnügen
auf der Sonnenbank zu liegen.
Nimm die Zügel! Und gib acht!

Amadeo: So?

Apoll: Vergiss nur nicht, den Pferden
Beachtung und Respekt zu zeigen,
denn jedes ist ein wenig eigen
und will nicht gleich behandelt werden:
Das erste Ross will Liebe,
das zweite Ross will Hiebe,
das dritte Ross will, dass man spricht,
das vierte nicht.

Amadeo: Ich verstehe: Einmal flüstern,
einmal schweigen, einmal roh
und einmal lieblich. Geht es so?

Apoll: Das machst du wirklich gut:
Doch hüte dich vor ihren Nüstern,
sonst gehst du auf in heller Glut!
Das erste Ross speit Hitze,
das zweite Ross speit Blitze,
das dritte Ross speit heißen Rauch,
das vierte auch.
Nun, nun, ich sehe, du gibst acht.
Na, damit sei mein Werk vollbracht!

legt sich auf die Bank

Amadeo: Ich dachte früher, die Sonne brennt unsäglich,
doch wenn man sie zu führen weiß, ist's ganz erträglich.

Apoll: Höre ich da einen Dichter?
Gewiss! aus deinem Herzen spricht er!

Amadeo: Das hat so mancher schon gesagt,
doch wunderlich ist solche Ehre:
Ist die Welt kein großer Takt?
Ein jeder, den ich sprechen höre,
trifft den Rhythmus ganz exakt.
Land und Wasser formt der Wind,
sie werden Bö für Bö zu Dichtung,
doch bevor sie zu einförmig sind,
braust der Wind aus der anderen Richtung.
Es treibt ja nur die Böe mich,
wie Sand in den Gezeiten weht.
Dichtergott, ich frage dich:
Wär ich nur darum ein Poet?

Apoll: Du formst die Welt nach deinem Herzen.

Amadeo: Das ist Liebe!

Apoll: Wie du meinst.
Was immer du aber im Herzen vereinst,
entzündet beim Zuhörer wohlige Schmerzen.
Das nennt man Dichtkunst, auch wenn du's verneinst.

Amadeo: Wohlige Schmerzen zeugt auch die volle Natur.
Sieh zum Beispiel die Lerche dort, sieh!
Und lausche doch nur ihrer Melodie!
Sie kam vom Tal
in schwindelnde Höhe:
Den Leib in der Böe,
das Schwänzchen im All.

Kein andrer kennt die Grenzen so
wie sie und singt noch froh.
Du holder Sänger, setz dich nur!

Apoll: Sie fliegt tatsächlich her
und setzt sich – haha – auf dein Ohr!

Amadeo: Als ob ich gar kein Fremder wär!
Na los! nun sing uns aber auch was vor!

Jupiter: Kirwitt, kirwitt!
Ich bin ein liebes, kleines Tierchen,
Unschuld nennt man mein Pläsierchen.
Flügelbreiten, Wolkenreiten,
Äthergleiten, Menschenleiten,
Kampfbestrei... ähm, ich meine ...
ich hab nur sanftmütige Seiten.
Wer könnte noch von mir, dem Zarten,
Trug und Hinterhalt erwarten?
Kirwitt, kirwitt!

Apoll: *schlägt die Hände zusammen*

Allerliebst,
wie sie piepst!

Amadeo: Apropos Trug und Hinterhalt:
Ich kam nicht ohne Grund hierher.
Ich verließ den edlen Wald
nur schweren Herzens, schwamm durch's Meer,
um dich zu bitten ...

Apoll: ...mich zu bitten!?
Was könntest du noch weiter hoffen?
Die große Welt steht unbestritten
dir durch deine Dichtkunst offen.
Willst du auch noch malen, singen,
Bilder hau'n und Saiten schwingen?
Schnickschnack! Es kann deinen Willen
kein Wasserfall der Erde stillen!

Amadeo: Ich spreche aber vom Wolkenschloss.

Apoll: *springt auf*

Wie? Was?
Vom Wolkenschloss!
Woher weißt du das?

Amadeo: Ich habe meine Spitzel fast an jedem Ort.
Ich weiß auch, dass Diana deine Schwester ist,
Apoll, doch sie schickt alle Menschen ins Verderben
und niemand wird mehr um euch Götter werben!
Einmal nackt erblickt und deshalb solche List?
Ich bitte dich, wirf das Wolkenschlossbild fort!

Apoll: Puh, was für ein Glück! Ich dachte schon, Diana
hätte dich im Wutausbruch hierher geschickt!
Und du glaubst wirklich, jemand hat sie nackt erblickt
und darum schuf sie diese Fata Morgana?

Amadeo: Hm ...

Apoll: Das ist ja niedlich! Niemals hatte ich die Ehre,
den zu treffen, der dem Ganzen Glauben schenkt,
es sei denn, dass er so naiv wie Juno wäre
oder wie der Göttervater so beschränkt.

Jupiter: Kirwitt! Kirwitt!

Apoll: Diana hat das Schlossbild heimlich an den Wagen
angebracht, ich sah es erst nach Jahr und Tagen
und habe es natürlich gleich verbrannt, den Nonsens.

Amadeo: *erschüttert*

Und doch lenkt es weiter ...

Apoll: Als gesellschaftlicher Konsens.
Seine Lenkkraft hat sich nun sogar verstärkt:
Die Menschen halten, mehr und mehr vom Licht geblendet,
das Phantom für philosophisch formvollendet.

Amadeo: *zu sich*

Dann habe ich hier oben meine Zeit verschwendet!
Mein armer Vater! Wie schaff ich's, dass das Blatt sich wendet?

an Apoll gerichtet

Und deine Schwester?

Apoll: Die hat auch noch nichts bemerkt.
Doch ich befürchte jeden Tag, dass sie erscheint!
Seit jener Zeit wird sie doch immer gleich hysterisch,
auch ist sie kampfbereit und überhaupt cholerisch!
Amadeo, mach dir nie dies Weib zum Feind!

Ist sie dir gewogen,
kann sie dir die Lebenszeit versüßen,
doch fühlt sie sich betrogen,
muss jedes Lebewesen dafür büßen!
Ach, was sie Aktaion und Kallisto antat,
das ist heute noch der Götter größte Schandtat!

Amadeo: Was hat sie denn getan?

Apoll: Es ist eine Geschichte,
die ich nie erzählen werde.
Bätest du auch ungezügelt,
meine Lippen sind versiegelt!

Amadeo: Es geht mich auch nichts an!
Spreite, Lerche, deine Flügel,
ich gleite nun zur Erde
und dichte!

Apoll: Jetzt schon?

Amadeo: Ciao, ihr Pferde!
Hier, Apollo, sind die Zügel.

Apoll: So warte doch!
Es ist so schrecklich angenehm
und die Bank ist so bequem.
Mach mir doch die kleine Freude
und lenke meinen Wagen noch.
Nur für heute.

Amadeo: Erzählst du mir dann endlich
das Geheimnis?

Apoll: Selbstverständlich!

Jupiter: Kirwitt, kirwitt!

*

Die jungfräuliche Göttin.

Wieder am bekannten Badeplatz, die Tropfsteine sind aber noch kleiner.

Biene: Was immer Entzücken bereitet,
zuletzt gibt's doch eine Devise:
Die süßeste Blüte ist diese,
die erstmals Aroma verbreitet.

Chorus: So wollen wir jung, immer jung sein,
getrieben vom lüsternen Schwung sein,
das Junge ist ersehnenswert,
das Alte nicht erwähnenswert!

Diana: Beherrscht euch! Euer Blick ist quälend!
Außerdem verbiete ich,
die Nasen über mich zu rümpfen!
Glaubt mir, ich weiß sicherlich
genauso wenig von dem Elend
wie ihr alle, meine Nymphen!

Krokale: Du bist schwanger!

Nymphen: Du bist schwanger!!

Diana: Schwanger, schwanger! Ja, ich weiß!
Nun stellt mich nur nicht an den Pranger,
was keiner weiß, macht keinen heiß!

Rhanis: Aber, aber, Göttin … wie?
Wem hast du dich hingegeben?

Hyale: Sei still! Gerade sagte sie,
dass sie es selbst nicht wüsste!

Diana: Eben!
Keinen Mann verlockte ich
und wurde auch nicht selbst verlockt.
Und wenn ich nächtens schlafe, hockt
mein Hund hier und behütet mich.
Kallisto! warum siehst du mich so an?

Kallisto: Weil ich es nicht glauben kann.

Hyale: *an Diana gewandt*

Ich stehe hinter dir!

Phiale: Ich auch!

Krokale: Es ist ja auch egal, was war.
Ein Kind ist immer wunderbar
und dich verschönt der Kinderbauch.

Psekas: Ich werde es die Jagd auf Bären
und das Pfeileschnitzen lehren.

Nephele: Das Pirschen, das Auf-Bäume-Steigen
und den Spurt will ich ihm zeigen.
Und die Reinlichkeit.

Krokale: Es wird uns lieben!

Diana: Genug! Niemand gibt ihm irgendeine Lehre!
Das Kind wird still und heimlich abgetrieben,
den Bach hinunter bis zum offnen Meere!
Stellt euch vor, was wohl geschieht,
wenn irgendwer den Säugling sieht?
Kennt ihr einen, der so weltfremd wäre
und glaubt, dass eine keusche Frau gebäre?
Ich bitte euch, mir Halt zu geben!

Hyale,
Phiale: Das machen wir!

Krokale: Aber lass das Kind am Leben!

Diana: Das entscheide ich – nicht ihr!

Kallisto: Du verlierst noch mehr als einen Säugling,
wenn du dich so schlimm verhältst.
Denk daran, wen du verprellst
und sei nicht so ein Feigling!

Diana: Drohst du mir am Ende?

Kallisto: Gib das Kind in gute Hände
und auch ich steh hinter dir.

Aktaion: *streift unbemerkt durch's Dickicht*

Es zerren zwei Pferde mir am Wagen,
nach hüben und drüben reißen sie.
Das erste Pferd heißt Lust zu jagen,
das zweite Pferd heißt Empathie.

Es lenkt mich der Bogen,
es lenkt mich der Pfeil,
und kommst du geflogen,
bekommst du dein Teil.

Schwirrst du im Baum,
verfehl ich dich kaum,
schwirrst du im Äther,
so singe und lache!
Ich halte hier Wache
und treffe dich später!
Oh Wonne! zu schießen,
die Macht zu genießen,
den Weg selbst zu bahnen,
den Tod zum Kumpanen!
Du Wesen auf Erden
sollst Sklave mir werden!
Du Täubchen, du Hühnchen,
du Gämse, du Kälbchen,
du Reh, du Kaninchen,
du Wildschwein, du Schwälbchen,
du Rebhuhn, du Pute,
du Löwe, du Hirsch:
Bald liegst du im Blute,
ich bin auf der Pirsch!

hält inne, die Miene verfinstert sich

Doch manchmal schreit der Hirsch unsäglich,
würdelos das stolze Tier,
rollt mit den Augen, röchelt kläglich
und spuckt Blut! Ach, wegen mir!
Ich weiß, der du im Tode wankst,
du edler Hirschbock – du hast Angst!
Todesangst!

Das Amseljunge hockt im Nest,
in seiner Mutter steckt mein Pfeil.
Bevor die Not es leiden lässt,
erdrossel ich das arme Knäul.
Die du nach Herzlichkeit verlangst,
ich weiß es, Amsel – du hast Angst!
Todesangst!

Lieblich gurrt das Taubenpaar,
nur beieinander ist es heil.
Bevor ich sah, wie treu es war,
traf schon den Tauberich mein Pfeil.
Die du von wahrer Liebe sangst,
ich weiß es, Taube – du hast Angst!
Todesangst!

Es zerren zwei Pferde mir am Wagen,
nach hüben und drüben reißen sie.
Das erste Pferd heißt Lust zu jagen,
das zweite Pferd heißt Empathie.
Es knirscht und knackt der Wagen schon lange,
ich weiß, er zerreißt mich, wenn er birst.
Du wusstest ja, dass du scheitern wirst,
ich weiß es auch – und mir ist bange.

Mit dem Bezwingen deines Lebens
steigt mein Stolz – doch bleibt gedeckelt,
weil die Basis unten bröckelt.
Immerfort will ich vergebens
es vergessen, dass du bangst!
Es stets zu wissen, macht mir Angst!
Todesangst!

Die wilden Pferde an dem Wagen
können nur zusammenfinden,
wenn sie Amors Pfeil empfinden.
Nur Liebe kann die Lust zu jagen
mit der Empathie verbinden.

schwärmerisch

Das schönste Verlangen
ist immer die Jagd
auf rundliche Wangen
und rundliche Brüste
der rundlichen Magd.
Gelüste, Gelüste!
Da lacht man, wenn s i e lacht,
und weint, wenn sie nie lacht.
Man jagt, man verwöhnt sie,
die Hetzjagd verschönt sie,
der Todesschuss krönt sie,
den Schlechten verpönt sie!
Der gütige Weidmann,
der lacht sich ein Mädchen
mit rundlichen Wädchen
zur baldigen Zeit an.

bricht durch die Sträucher, wird Diana gewahr

Nymphen: Ein Mensch!

Diana: Ach, du ahnst es nicht!
Schnell, ihr Nymphen, kommt, umringt mich!

Aktaion: Diana? Bist das wirklich du?
Oder täuscht nur mein Instinkt mich?
Ich erkenne dein Gesicht
und deinem Bade säh ich gerne zu,
aber dieser … dieser Bauch!

Psekas: Jetzt wissen es die Menschen auch!

Diana: Still! Und du, du böser Knabe,
schäme dich, so dumm zu sein!
Und wisse nur, dass jeder, der am Wein,
am Fleisch, an Obst und Milch sich göttlich labe,
bald wie ich solch rundes Bäuchlein habe!

Aktaion: Oh Himmel! Halt mich nicht für blöd!
Ich gab dir, Göttin, mein Vertrauen.
Jedes Opfer, jegliches Gebet
galt dir, der keuschesten der Frauen.
Wie kann ich jetzt noch auf dich bauen?

Diana: Ich habe dir doch schon gesagt,
dass es die vielen Speisen sind.

Aktaion: *in sich zusammengesunken, klagend*

Schwanger ... die Göttin der Jagd ...
Oh, ihr Götter! Die Jungfrau kriegt ein Kind!
Die Jungfrau kriegt ein Kind!

Diana: Ruhe! Sei doch still!

Aktaion: Die Jungfrau kriegt ein Kind!!

Diana: Gleichwohl! Jeder kriegt das, was er will.

richtet den Finger auf Aktaion, verwandelt ihn in einen Hirschen

Nun schrei doch weiter, wenn du kannst!
Doch merke dir, du Hirsch, dass keiner
mir auf meiner Nase tanzt!
Lauf in den Wald zu deinesgleichen,
wo keine Jäger dich erreichen!

Hirsch panisch ab

Kallisto: Wie bedauernswert er röhrt!
Er war dir doch so treu ergeben
und soll nun als Fluchttier leben!
Du wirst ja immer noch gemeiner!

Diana: Hoffentlich hat niemand ihn gehört!
Schnell angezogen!
Krokale, Rhanis und Hyale,
Nephele, Psekas und Phiale,
hopp! Kallisto, in die Togen!
Meine Toga ist aus dickem Stoffe
und kaschiert das Bäuchlein, wie ich hoffe.
Gelobt, ihr Nymphen, aber, nicht zu quasseln
und mir meine Tarnung zu vermasseln!

Phiale: Diana, lass dich doch nicht stören,
der Verräter ist gebändigt.
Und niemand wird ihn jemals hören,
weil er sich als Tier verständigt.
Komm runter und entspanne dich,
es ist doch still und friedlich hier.
Die Grille nur surrt wunderlich
und gar nichts nimmt die Ruhe dir.
Es fließt die Brise durch die Kiefern,
leise schwappt die nasse Frische.
Niemand plant, dich auszuliefern,
wir sind schweigsam wie die Fische.

Diana: Besser ist's, wir bleiben angezogen.
Ihr kennt ja Junos Neugier gut,
die jedes Rätsel wittern tut.
Zum Kuckuck! dort kommt sie auch schon angeflogen!

Psekas: Was ist nun?

Nymphen: Was sollen wir tun?

Diana: Ruhig Blut!
Ich weiß schon, was ich machen muss.
Es ist geschickter, den Verdruss
weit weg zu schieben statt zu leugnen.
Kallisto wird sich hierfür eignen.

Kallisto: Ich?!

Diana: Nur kurz musst du verstummen.

verwandelt Kallisto in eine Bärin, wendet sich an die fassungslosen Nymphen

Ich heile sie von allen Übeln,
sobald die Göttin hier verschwindet.
Inzwischen kann sie einmal grübeln,
ob sie es wirklich nötig findet,
mich wie ein Bär stets anzubrummen.

Juno: *erscheint keuchend*

Was muss ich da hören?
Die Jungfrau kriegt ein Kind?
Was sind das wieder für Skandale?
Bist du es, Diana? Ist's Krokale?
Oder eine der anderen Gören?

Diana: Salve Juno, sei gegrüßt!
Keine Sorge: Ich kann beschwören,
dass die Nymphen Jungfern sind,
nur eine nicht. Und diese büßt.

Juno: *erleichtert*

Ist es etwa diese Bärin?
Die sieht ja prächtig aus!

Diana: Tja, das sind meine Zauberkünste, Herrin!

Juno: Doch sieht sie gar nicht trächtig aus.

Diana: Das macht das Fell.

Juno: Puh! was für ein Theater!
Nur eines wüsst ich gerne noch:
Wie heißt der Schuft von einem Vater?

Diana: Das … das weiß ich nicht.

Juno: Was ist?
Ich sah noch nie, dass du verlegen bist.
Jetzt sag es schon, du weißt es doch!

Diana: Nein, ich habe keine Ahnung.

Juno: Ich werde nicht noch einmal fragen!
Dies ist meine letzte Mahnung!

Diana: Ich kann es dir nicht sagen.

Juno: Herrje! Ich wittere Skandal!
Er war's wieder, oder? Mein Gemahl!

Diana: *errötend*

Nein!

Juno: Oh doch! Ich kenn den Grobian!
Diesen Lüstling,
diesen Wüstling,
diesen Faun
oh! diese Made!
Keine Frau'n
sind ihm zu schade!
Er hat nur Interesse dran,
Frauenleiber
zu berühren,
Mädchen, Weiber
zu verführen.
Oh! er soll mich kennenlernen,
denn nun hab ich alle Trümpfe
in der Hand! Und seine Nymphe
sperre ich jetzt zu den Sternen!

Nymphen: Bitte nein!

Hyale: Es ist nicht sie, es ist Dia…

Diana: …ein Drama!
Ja, es stimmt, es ist ein Drama!

Juno: *verbannt mit einem Fingerschnipsen Kallisto an den Sternenhimmel*

Das gibt ein hübsches Panorama.

*

Schafe, Schafe.

Unweit des Schlosswegs. Ein dunstiges Leichentuch liegt auf dem Morgen.
Rhanis schnarcht.

Amadeo: Da liegt sie noch und schläft, die junge Dame.
Verführerin, wie war nochmal ihr Name?
So jäh hat sie mich gestern überwältigt
und hat es ohne Zweifel ja gewusst,
dass eines Mannes Zuchtuhr viel zu schnell tickt.
Ein seltsames Gebilde ist die Lust,
dass Liebe niemals ohne Lüste bliebe,
doch Lust entspinnt sich vielfach ohne Liebe.

Ach, wo mag mein Schatz nun sein?
Behalt mich lieb und komm bald wieder,
sagte sie und schloss die Lider
für den vorerst letzten Kuss.
Sie wusste, dass ich weiter muss,
ein Stück nur, bis ich deutlich sehe,
wo mein Platz ist, wo ich stehe.
Das gibt mir kein Dritter ein.

Hyale, könntest du nur ahnen,
wie verbunden du mich findest,
eben weil du mich nicht bindest!
Du verstehst es, mich zu drücken,
ohne mich gleich zu ersticken.
Hättest du mich nicht verlacht,
ich hätte nie den Schritt gemacht,
mir meine eigne Spur zu bahnen.

Deine Scherze, deine tiefen
Weltansichten, deine Küsse:
Wie ich alles das vermisse!
Tief in deinem warmen Schoß
war die Geborgenheit so groß.
Ach, der Götter größte Gnade
wär, wenn unsre beiden Pfade
ewig parallel verliefen!

Nun aber schleunigst aufgebrochen!
Meinen Vater gilt es nun zu finden.

Hat er stetig seit den letzten Wochen
seinen Schritt zum Wolkenschloss gelenkt,
so ist er sicher schon hier hinten,
wo der Schlossweg sich verengt.

Nun denn! Das erste Mal, seit ich mich wandte,
betrete ich den knirschenden Kies,
den ich so lange meine Heimat nannte
und der mir immer eine Richtung wies.

Wald-
geister: Nimm die Hoffnung, lass sie fahren,
nimmermehr bist du zu Haus,
nimmer sind wir, was wir waren.
Hoffnung, Hoffnung, spei sie aus!
Winter gibt es nur im Norden,
wo so mancher Blütenschimmer
wieder Wurzel ist geworden:
Südlich prangt die Blüte immer!
Lass sie wachsen, lass sie treiben,
Rückgewandtheit ist Umnachtung.
Niemals kann man Basis bleiben,
sieh zur Wurzel mit Verachtung.

Amadeo: Eine steile Kluft durchkreuzt den Weg:
Gestürzte Kiefern liegen auf den Felsen
und auch Menschen mit gebrochnen Hälsen,
drüber führt ein wackeliger Steg.
Dort stauen sich die Leute, sammeln Kraft
und blicken schaudernd in die jähe Tiefe.
Einer geht, der Rest hofft, dass er riefe,
und frohlockt, wenn er tatsächlich ruft.
Dann säuselt eine Stimme durch die Luft:
Gelobt sei Gott! Ich habe es geschafft!

Wehe! Wenn ich nur dran denke,
dass mein Vater seinen Schritt
erzitternd nach der Brücke lenke,
schaudre ich mit jenen mit.
Ich hoffe nur, er ist da vorn
geborgen unter Seinesgleichen
und nicht, allen Halt verlor'n,
dort unten zwischen weißen Leichen.

erreicht den Engpass, wird eine gewaltige Menschenmasse gewahr

Bei Jupiter! das mit den Leuten
scheint allmählich auszuarten!
Solche Scharen, solche Meuten
konnte keiner je erwarten.
Es ist sicherlich nicht schwer,
in diesem Haufen zu verschwinden,
doch womöglich hilft mir wer,
die Nadel aus dem Heu zu finden.

Heda! junge Frau! verzeih,
ich bräuchte dich kurz als Berater.
Denn ich suche meinen Vater
und vermute ihn hierbei.
Es ist ein Mann mit schwerer Bürde,
früher war er groß und stark,
doch heutzutage scheint's, als würde
ihm die stete Last zu arg.
Recht krumm, gebrochen geht er nur,
die Zweifel ignoriert er stur.
Ich weiß es aber doch: Beim Bücken
sticht es ihm in Brust und Rücken
und vom jahrelangen Gehen
bluten ihm schon Fuß und Zehen,
doch, gewiss, die größten Schmerzen
sitzen tief in seinem Herzen.
Seine Frau hat er verloren,
ich, der Sohn, bin nicht geblieben
und es wurde unverfroren
auch sein Stolz mit fortgetrieben.
Als Symbol für seinen Gram
entstellt ein wundes Mal sein Bein.
Weißt du vielleicht, ob er allein
wie du in diesen Engpass kam?
Ich glaub, dass ich ihm ähnlich säh,
wenn ich nur älter wäre.

Junge Frau: Mäh!

Amadeo: Oder du! ich bin so frei,
mein Herr, sei mir doch kurz Berater.
Ach, ich suche meinen Vater
und vermute ihn hierbei.

– Ich glaube nicht, dass er ein Tor war,
als ihn Jugendböen umwehten,
sondern dass er kurz davor war,
selber in den Wald zu treten,
aber er besiegte nie
die ewigfeige Theorie.
Ich frage mich: Was hielt ihn noch?
Wieso hielt er den Weg so hoch?
Sein Unmut, diesen zu verlassen,
schien doch nicht zu ihm zu passen,
der so gerne Fragen stellte
und auch unbequeme wählte.
Immer ist er dort geblieben!
Welche seltsame Geschichte
steht in seinem Herz geschrieben?
Ist es Spuk? Sind's gar Gedichte? –
Wie auch immer: Er ist groß,
von kargem schwarzen Haar bedeckt
und sicher alle Kräfte los.
Kannst du mir sagen, wo er steckt?
Ich glaub, dass ich ihm ähnlich säh,
wenn ich nur älter wäre.

Herr: Mäh!

Amadeo: Oder du, du kleiner Mann!
Wenn mir nur einer helfen kann,
dann du, der offnen Auges geht
und tief in alle Winkel späht!
Ich bitte dich, geh los und späh
nach meinem alten Vater!

Bursche: Mäh!

Amadeo: Will mir denn keiner Antwort geben?
Was ist nur mit euch allen los?
Ich bat euch und ihr blödelt bloß!
Ist's falsch, dass ich es bin, der fragte,
weil ich frech war und es wagte,
meinen Fuß vom Weg zu heben?

Natter: *schlängelt sich Amadeos Bein hinauf, lispelt ihm ins Ohr*

So viele Menschen sah ich ziehn,
den Weg entlang zum Engpass hin.

Ich sah die Philosophen gehen,
die den großen Sinn verstehen,
ich sah Ärzte, Professoren,
Wunderheiler und Doktoren,
Mathematiker, imstand,
gar die aufgepeitschten Wellen
und den Wind auf zwanzig Stellen
zu berechnen, mit der Hand.
Manche Leute waren Maler,
gute, ja! begnadete
Gestalten und begabte Prahler,
was der Kunst nicht schadete,
manche waren große Sänger,
davon manche Vogelfänger.
Und ich sah noch brave Ammen,
die fürs Kindeswohl entflammen,
Koryphä'n im Trickbetrügen,
die nicht blinzeln, wenn sie lügen,
Schneider, die aus Sommerkleidern
einfach Winterkleider schneidern,
Schmiede, welche Schwerter machen,
Hirten, die ihr Vieh bewachen,
Harlekine gar am Ende,
alle Menschen aller Stände:
Jeder einzeln ein Genie.

Doch als sie aufeinandertrafen,
sich der Masse zu versklaven,
hatten sie bald den Esprit
und das Charisma von Schafen.

Amadeo: Ach, ich kann es gar nicht fassen!
Und mich gruseln diese zähen Massen!

Natter: So ist der Mensch geartet. Sieh:
Einzeln überlegt er,
in der Masse blökt er.
Wo der Mensch zur Masse wird,
ist er schon zum Schaf mutiert.

Amadeo: *erkennt plötzlich seinen Vater im Gedränge*

Da ist er ja! Da ist er ja!
Natter, schau! Mein Vater! Da!
Oh, Vater, sag, wie geht es dir?
Wie geht's dem Bein?

Verzeih es mir!
Doch du weißt, es musste sein!
Aber nun genug davon!
Komm her, lass dich umarmen!
Ach, ich dachte schon,
du lägest drunten in der Schlucht,
doch hatte wohl ein Gott Erbarmen.
Vater, höre nur: Das Schloss ist Lüge,
nichts als Irreführung und Intrige!
Aber dir bleibt noch die Flucht,
weg von der Zucht
und hin zur Frucht!

Natter: Nimm die Frucht und iss sie ganz,
sie kommt vom Baume der Erkenntnis:
A l l e, die zur Masse werden,
müssen blökend sich gebärden.
Wer anders ist, bleibt auf Distanz.

Amadeo: *verzweifelt*

Wir machen uns die Welt zu Eigen,
komm, ich will dir alles zeigen,
ich kenn die Wildnis zur Genüge!

Natter: Ihm fehlt jegliches Verständnis.

Amadeo: Vater? Sag, was ist mit dir?
Weh! dein Blick ist dasig
und die Augen sind so glasig.
Bitte, bitte sprich mit mir,
doch sag nicht Mäh! Sag niemals Mäh!
Bei aller Götter Willen!

Vater: Mäh!

*

Tod und Tollkirschen.

Derselbe Ort, aber noch trister.

Schaf I: Hab ich an den Füßen Blut,
bleibe ich ein Weilchen stehen.
Geht es meinen Füßen gut,
kann ich wieder weitergehen.
Hört ihr mich? So bin ich eben!
'S ist mein ganz spezielles Leben.

Schaf II: Ärgert großer Hunger mich,
ess ich einen Happen mehr.
Ist er nicht so wesentlich,
ess ich einen weniger.
Hört ihr mich? So bin ich eben!
'S ist mein ganz spezielles Leben.

Schaf III: Wenn mich Leid und Kummer schmerzen,
ist voll Tränen mein Gesicht.
Steckt der Frohsinn mir im Herzen,
lache ich und weine nicht.
Hört ihr mich? So bin ich eben!
'S ist mein ganz spezielles Leben.

Schaf IV: Fühle ich die Nase laufen,
säubere ich diese stetig.
Kann ich ungehindert schnaufen,
ist das Säubern nicht mehr nötig.
Hört ihr mich? So bin ich eben!
'S ist mein ganz spezielles Leben.

Schaf V: Wenn der Sonnenschein mich segnet,
fühle ich mich froh und munter.
Aber wenn es einmal regnet,
geht die Welt für mich nicht unter.
Hört ihr mich? So bin ich eben!
'S ist mein ganz spezielles Leben.

Masse: *in einem einheitlichen Sprechgesang*

Ein wenig anders bin ich
und ja! ein wenig spinn ich.
Gewöhnlich und normal sein
kann niemals meine Wahl sein!

Ich kann nicht anders: Mäh!
Ich muss ein Original sein!

Amadeo: Diese Massen! So amorph und sinnleer!
Und erst die Parolen: Wie besessen!
Auch die Hitze, die der Schlossweg spiegelt,
hätte ich im Jubel schier vergessen!
Jetzt begreif ich: Es hat keinen Sinn mehr.
Schafe bleiben immerzu verriegelt.

Ich muss hier weg, mein armer Vater,
nochmals lass ich dich am Weg.
Tritt nachher achtsam auf den Steg
und stürze mir nicht in den Krater.
Parallelen zu benennen –
es gelingt mir nimmermehr.
Die Zeit hetzt hinter jedem her
und manchmal nützt es, sich zu trennen.
Lebe wohl und bleibe heiter,
nie vergess ich deine Lehre!
Wandle auf dem Schlossweg weiter,
wenn es deine Freude wäre.
Ich muss fort zu meinesgleichen,
weg von hier. Bis irgendwann!
Ich möchte nun so schnell ich kann
Hyale, mein Juwel, erreichen.

Diana: *tritt hervor*

Du suchst nach meiner Nymphe, Lump?
So blicke nur zu deinen Füßen!
Was einst flott war, ist jetzt plump:
Für deine Lust darf sie nun büßen.

Amadeo: Diana! Göttin! Anmutsvolle Frau!
Wie ich mich freue, dich zu sehen!
Gerne horch ich auf dein Wort,
doch wie ich auch zu Boden schau,
ich kann Hyalen nicht erspähen.
Nur ihr grünes Haarband baumelt dort
am abgezehrten Strauch.

Diana: Er war ihr letzter Lebenshauch.
Mit Rhanis hattest du geschlafen,
sie verbarg sich weinend hier.
Und dann stolziertest du zu Schafen,
nicht zu ihr.

Hör, wie eine Nymphe leidet:
Sie verwelkt, verfällt, vergeht,
bevor ihr Plebs es euch verseht!
Wenn eine Nymphe so verscheidet,
dann in Form von Mineralen,
Bächen oder Büschen auch.
Belladonna heißt der Strauch
im Falle von Hyalen.

Amadeo: *die Lippen zittern, die Augen füllen sich mit Tränen*

Was?

Diana: Du hast das Kind belogen,
als du von der Liebe sprachst.
Mit jeder Regung, die du machst,
wird die Liebäugelnde betrogen.
Schon als Nymphe welkte sie,
verlor die Blätter Stück für Stück
und bloß dies Haarband blieb zurück!
Sei stark, du musst ein Mann sein!

Amadeo: Wie?
Ein Mann sein? Sollte ich mein Glück
so reuelos verrinnen lassen?
Mir zu raten, zu vergessen,
die mich schützte vor den Massen,
ist vermessen, sehr vermessen!

Diana: Ich meine wohl, mich zu verhören:
Willst du m i c h die Ehrfurcht lehren?
Dann bade halt in deiner Trauer!
Lebe wohl!

und ab

Belladonna: Jetzt ist sie sauer.
Lass sie nur rasen, fern bei den Hirschen!
Suche die Süße! Koste die Kirschen!

Amadeo: *konsterniert, tonlos*

Da verliert das Kind die Mutter.
Mit leisem Hecheln
zum Busen wankend
und durch ein Lächeln
nur sich bedankend,
erquickt es sich an Mutterliebe ganz.

Ein Windhauch, ein Schrei!
Für immer vorbei.
Das Vieh vertreibt die Fliegen mit dem Schwanz.

Da verliert der Sohn den Vater.
Im Sturm, im Drange
einander entzweiend,
entbehrt man sich lange.
Doch schon verzeihend
will man einander in den Armen liegen.
Ein Windstoß, ein Schrei!
Für immer vorbei.
Das Vieh vertreibt mit seinem Schwanz die Fliegen.

Man verklammert sich ans Liebchen.
Lass Zeit mir, sagt man,
dich zu besingen!
Den Sang vertagt man,
denn holder klingen
poetisch ausgereifte Liebeslieder.
Da gellt's in den Ohren:
Für immer verloren!
Und ewig kehren die Insekten wieder.

Wie rauscht es aus des Büschleins Tiefe,
als wenn mich eine Stimme riefe.
Wie schwanken jene Kirschen rötlich,
so berauschend – so tödlich.
Mein Schatz! noch ist nicht alles aus!
Wir brauchen uns, anstatt zu weinen,
hier und jetzt nur zu vereinen.
Früher pflückten wir den Tag,
heute sei dein Schmerz mein Schmaus,
dein Entschlummern mein Ertrag.

isst von den Kirschen

Wer weiß schon, was die Welt bewegt?
Man sieht ja, wie sich alles regt,
nicht für Sekunden innehält
und ewig steigt und ewig fällt.
Doch wer versteht darum die Welt?

Blätter glühen dort im Dämmern,
Schneckenspuren glitzern drauf,
das Geschrei von wirren Lämmern
braust vom Felsen zwiefach auf.

Warum all dies? Ist da ein Sinn dabei?
Vom Türkisgrün über buntes Grau
und Fliederviolett bis hin zu Bronze:
Jede noch so kleine Farbnuance
resultiert aus Gelb, Rot, Blau.

Warum ausgerechnet diese drei?

Uns lehrt ein logischer Gedanke,
dass ein Nichts nicht existiert,
nicht im Leben, nicht im Schrein.
Doch wenn das Nichts undenkbar wird,
dann muss ja alles möglich sein.

Warum gibt es dennoch eine Schranke?
Uns fehlen Illusion und alle Klarheit.

Spür die Gräser zwischen deinen Zehen
und berausch dich nur an dieser Wahrheit:
Nie wirst du im schwarzen Nichts vergehen.

Wieso wird man manchmal melancholisch?
Man will schlafen, kann es nicht,
denn ein Geschwür bricht diabolisch
aus der zarten Zuversicht.
Das ist die Brust – ein Labyrinth!
Verschlungen thront es und begrünt
als ein behagliches Gefilde.
Doch im Innern jener Mauern
ist das Reich des Minotauern,
ein abscheuliches Gebilde!
Ich hatte manche stille Nacht
schon heiter sinnend zugebracht –
da krault mich jäh Beklommenheit!
Es donnert mir durch alle Glieder
und es dröhnt im Herzen wider,
weil das Ungeheuer schreit!

Du stehst und stehst noch ohne Angst
als Baum im Irdischen verwurzelt,
plötzlich schwindelt dir, du wankst,
gib acht! wie rasch bist du gepurzelt!
Oft entzünden sich im Flimmer
Bäume, die schon immer standen.
Sinnlos kommt das Glück abhanden,
aber grundlos bleibt es nimmer.

Spür nur die Gräser zwischen deinen Zehen!
Ewig wird das Etwas fortbestehen.

Nun formen sich die Nebelschleier
zu Dämonen, Teufeln, Engeln.
Hyale! Siehst du nicht die Ungeheuer?
Ach, du rauschst nicht mehr,
der Strauch ist leer
und keine Blätter sind mehr an den Stängeln.
Ich habe Durst, oh lass mich trinken
aus der vollen Welt zuletzt,
dann will ich dir zu Füßen sinken.

Und sie tanzen und sie flöten,
Gut und Böse, ist ihr Sang.
Macht mich mit süßem Wein erröten!
Ihr Gespenster, stillt mich jetzt!
Lindert mir den Untergang,
dann mögen mich die Kirschen töten!

Wie sich die Wesen wild verbeißen!
Gib uns deine arme Seele,
kreischen sie und heulen, gieren,
streiten sich und ignorieren,
dass ich mich hier durstig quäle.
Nein, sie sind nicht mehr zu zügeln:
Welch ein jaulendes Gewirr
von Hufen, Schwänzen, Horn und Flügeln!
Doch schau! Nun erscheint in diesem Reißen
eine neblige Gestalt
und besänftigt das Geschwirr.

Wie trocken ist doch meine Kehle!

Und da steht sie, weiß und alt,
krault ihren Bart und späht herab,
ich krieche welk und ausgedorrt
durch dicken Nebel nach dem Grab.
Wein! das sei mein letztes Wort.

Gestalt: In sieben Todsünden teilt sich das Verlangen,
wenigstens vier hast du bereits begangen.
Mein Sohn, dass dich der Satan schände,
ist mein allergrößtes Bangen.
Gib dein Seelenheil in meine Hände.

Amadeo antwortet nicht, röchelt nur

Der hohe Himmel schwappt fast über
von den Quellen und den Strudeln
und von allen Wolken sprudeln
die Fontänen. Komm, mein Lieber!
Gib dein Seelenheil in meine Hände,
selbst der ärgste Frevler tut's am Ende.

Amadeo: Ich nicht! Die Welt ist mein Zuhause.
Und dich? Dich gibt es gar nicht, du Banause!
Ich sterbe hier, verschwinde du!
Ich tröpfele der Erde zu,
frei von dir und deinem Drängen,
frei von allen, allen Zwängen!
Fließe, fließe, Lebenssaft,
der Leib beginnt, mich einzuengen!
Hyale, trinke meine letzte Kraft!

beißt sich die Adern auf, das Blut gluckert in die Erde, Gestalt ab

Belladonna: Wo Liebe war, da sind jetzt Rauch und Knochen.

Vater: *erkennt aus der Ferne seinen Sohn und ein Schleier fällt von seinen Augen*

Wie wird mir?
Was passiert hier?

Um Gottes Willen!
Mein Sohn! Mein armer Sohn!
Ich wusste es, da liegst du schon
im Blute! Weh! und ich bin schuld!
Oh, mein lieber Sohn!
Ich konnte deine Ungeduld
und deine Sehnsucht niemals stillen,
dauerhafter Kummer sei mein Lohn!
Himmel! Wie mich das betrübt!
Amadeo, mein Amadeo,
wie habe ich dich doch geliebt!

umarmt jammernd den bleichen Körper

Es kann gar nichts Schlimmeres geben,
als seine Kinder zu überleben!
Und nichts muss einen mehr beschämen,
als wenn sie sich das Leben nehmen!

Hättest du mich einmal nur gefragt,
ich hätte es energischer gesagt:

Mein Sohn, lebe fromm und still dahin.
Das Wolkenschloss sei immerfort
als Altar, als Tugendhort,
als Ziel in deinem Sinn.
Denn wo sich Wolkenberge türmen
zum Schwulste erhabener Gewalt,
fern den menschlichen Gewürmen,
ja dort, ja dort flattern bald,
du und ich, die guten Seelen,
statt auf Erden sich zu quälen.
Steil ist der Weg dorthin und weit,
mein Sohn, doch geh ihn rege
und weiche keinen Fingerbreit
ab von diesem Wege.

sein Blick verschleiert sich, versinkt wieder in der Masse

*

Epilog.

Auf dem Olymp. Die perlweißen Säulen des Portikus verschmelzen mit den wirbelnden Nebelschleiern.

Jupiter: Ihr Götter, Genien und Geister,
versammelt euch auf meinem Berg
und ignoriert den Regenschauer und die Schwaden!

Damit ihr euch nicht wundert: Iris habe ich,
weil sie gedachte, meine Gattin gegen mich
frech auszuspielen, zur Bestrafung ausgeladen.
Jetzt will sie uns mit regnerischem Wetter schaden!
Amüsiert euch trotzdem und genießt das Fest!

Minerva: Pompös, wie er die Blitze sausen lässt!

Amor: Welche Lichter! Welches Feuerwerk!

Dryaden: Wir weinen leise goldene Tränen,
wenn der Göttervater mit den derben
Blitzen wirft und Tier und Pflanzen sterben:
Denn es sind ja Bäume unter denen.

Mars: Was sind schon jene wert, die täglich
lauschig sind und unbeweglich?
Wem ein Wurm schon unerträglich
ist, der lebt – verzeiht mir – kläglich.

Dryaden: Wer wird dir Gott wohl ähnlicher sehen,
als jene, die über allem stehen?
Betrachte nur alles Wesen, du Spötter:
Immerzu um die Bäume kreist es,
atmet still ihren satten Hauch
und schlummert in ihren Schatten auch.
Bäume sind die besseren Götter,
ihre Mächtigkeit beweist es.

Bacchus: Das wäre doch gelacht!
Im Kleinen entfalten
Pflanzen ihre ganze Pracht.
Man will es nicht für möglich halten,
welche Kräfte, welche Urgewalten
manch kleine Beeren doch enthalten!
Was jedermann für wichtig hält:

Ob Zeitvertreib, Ruhm, Macht und Geld,
auf jedes könnte man verzichten.
Auf den Rebensaft mitnichten.

Voluptas: Janus, trink nur nicht so viel!
Seit unsrer allerersten Nacht
hast du mich nicht mehr froh gemacht:
Der Wein ist Gift für's Liebesspiel.

Bacchus: Herbei, herbei! Bei dieser Frische,
schenke ich auch heißen Wein
für jeden, den es fröstelt, ein.
Herbei, ihr Götter, an die Tische!

Amor: *nervös von einem Fuß auf den anderen tretend*

Psyche, meine angetraute Braut,
du Sahnehäubchen der Familienchronik,
ach, wie sag ich es nur laut?
Ich liebe dich!! Geschafft, jetzt, wo das raus ist,
würde ich dich gern ersuchen ...
...hast du einen Wunsch an mich?
Ich backe dich in Milch und Honig,
ich bade dir Pistazienkuchen,
ich bürste deinen Leib melonig!
Was du auch willst, ich tu's für dich,
jetzt, wo das Kindchen aus dem Haus ist!

Pan: Reduziere nie das Weib
auf seinen Wunsch und seinen Willen.
Was es sucht, ist Illusion,
doch voller Früchte hängt sein Leib.
Ein Frauenherz ist nie zu stillen,
Libido dagegen schon.

Bacchus: Das mag schon sein, doch angesichts
seiner wollüstigen Tochter
sind Gefälligkeiten nichts.

Pan: Das ist wahr, sie ist ein Luder!
Da lief schon manches aus dem Ruder.

Amor: Du Widerling, du ausgekochter!

Musen: *Apoll schmachtend umkreisend, Terpsichore zupft kunstfertig auf der Leier*

Der Mädchenleib schwinget, der Mädchenhals singet,
der Mädchenkuss klinget wie holde Musik.

Du reizender Schöpfer der schönen Talente,
du Liebhaber aller Musikinstrumente,
liebkose die Zarte, dass tönend sie stöhnte,
sich zehnfach verschönte im sinnlichen Glück!

Sei maßlos: Die Saite muss ordentlich schwingen,
um himmelhoch jauchend, zum Tode betrübt
den blutleeren mittleren Weg zu bezwingen.
Wer keinerlei Tränen mehr weint oder lacht,
sich nicht mehr in Zorn und Begeisterung übt,
der singt nicht, der klingt nicht, der stirbt über Nacht.

Apoll: Wie windet der Wein sich so voll um die Säulen!
Gefüllt sind die Becher und schwer eure Brüste!

Musen: Ein Lustspiel! Ein Lustspiel zum süßen Verweilen!
Wir schieben den Lorbeer dir ganz auf die Augen,
und drehen dich, dass du nicht weißt, wo du seist!
Gib acht, mit den Lippen nur zärtlich zu saugen!

Apoll: Ach, wenn ich nur wüsste, wes' Busen ich küsste!
Es ist nicht Erato, noch Polyhymnia und weder
Euterpe noch Klio …

Kalliope: Weil ich es ja bin!
Nun bleibst du im Kreise und ohne Gewinn!

Apoll: Der größte Gewinn ist, wenn alles und jeder
nur um einen selbst, als den Sonnengott, kreist.

Amadeo: *erscheint*

Ist dies der Orkus? Ist es mein Elysium?

Euterpe: Mein heimlicher Schwarm!

Apoll: Amadeo, du hier?
Das ist ja erstaunlich: Ein Mensch im Revier!
Nur Göttervolk wandelt hier oben herum!

Mars: Ein Eindringling!

Neptun: Ein Fremder auf dem Berg!

Diana: *schreckt auf*

Wie kommt er hierher?

Hesperiden: Das ist Hexenwerk!

Jupiter: Ich sehe wohl, es scheint geboten,
hier ein wenig mitzumischen.

donnert

Höret doch, ihr faulen Horden,
die ihr nur begrenzt begabt
euch stets an meinen Speisen labt:
Dieser Mensch hier ist inzwischen
aufgeblüht vom Reich der Toten
und ist selbst ein Gott geworden!
Er begriff die Welt allein
und hält sie hoch trotz Schererei'n.
Sogar in seiner Todesstunde
knickt der forsche Mann nicht ein.
Begrüßt ihn also in dieser Runde!

Diana: Ein Gott? Kommt jedes zarte Menschenkind
nun schon in den Genuss olympischer Kühle?

Amadeo: Du weißt nicht, welche göttlichen Gefühle
hier in meinem vollen Herzen sind!
Ich ahnte es schon, dass ich immerhin
der Ursprung heißer Liebesquellen bin.

Amor: Aber Jupiter! Warum?
Ich dachte doch, ich bin der Gott der Liebe!?
Deshalb hab ich doch die Pfeile um!

Apoll: Die Pfeile sind das letzte, scheint's,
was dir vom Götterleben bliebe!
Ha! das hast du nun davon:
Du hektische Mücke,
uns summend umfliegend
und immer voll Tücke
uns blutgierig piekend,
das Menschendasein ist dein Lohn!

Jupiter: Larifari! Amor, wisse eins:
Selbstverständlich bleib ich dir gewogen,
denn du störtest niemals meine Triebe
durch die Liebe, doch kamst immer flott
zu manchem starrköpfigen Weib geflogen.
Amadeo glaubt doch nur, die Liebe
sei sein Eigen. Typisch Dichtergott!

Apoll: Ja, typisch Dichtergott, so ist er!
Was andere betasten, küsst er,
was andere … äh ... bitte? Was?
Dichtergott?! Hey! das bin ich!
Der Mensch hat mir mein Amt geklaut!

Thalia: Liebling, mach dich doch nicht lächerlich,
Euterpe hat sich längst in ihn verschaut!

Apoll: Jupiter, steh mir bei!

Jupiter: Was sprichst du denn mit mir?
Bin ich denn nicht mehr zu beschränkt dafür?

Apoll: Oh, Amadeo, noch hast du nicht gesiegt!
Ein Dichterzweikampf soll entscheiden,
welcher Dichter von uns beiden
Ehre und Euterpe kriegt!

Amadeo: Ach, was frage ich nach ihr?
Wo mein Juwel doch mein Verlust ist!
Gäbst du auch hundert Musen mir,
wofür – wenn's Herz nicht in der Brust ist?

Euterpe: Das ist so traurig!

Rhanis: Ich bin so betrübt!

Apoll: Hört zu, auch ich war unglücklich verliebt:

Als ich meine Daphne,
ach, meine duftige Daphne verlor,
stiegen Lüste unbeschreiblich
in mir auf, doch nicht nach diesen,
die da wandeln, drall und weiblich,
sondern nach den öden Wiesen,
nach dem uferlosen Nichts,
nach jener Welt der toten Schatten,
die dort wuseln wie die Ratten
jenseits des verirrten Styx.
Mich freute nicht einmal das Lachen,
keine Räusche, keine Waden,
ach! ich sehnte mich nach Drachen,
nach Gewürm, nach fetten Maden,
ich ersehnte immerzu,
geziert von meinen goldnen Locken,
Lebenssäfte, die da stocken,

faules Fleisch und Knochenbrocken
und den eigenen Hautgout:
All dieses stieg in mir empor,
als ich meine Daphne,
ach, meine duftige Daphne verlor.

Amadeo: *kehrt sich weinend ab, dann zum Tale gewandt*

Mein Liebling,
ich wollte im Grunde nicht sterben wie du!
Ich wollte nicht dort in die Unterwelt fahren,
um zwischen den wimmelnden, furchtsamen Scharen
als Abklatsch zu leben, was wir beide waren.
Ich käme doch niemals als Schatten zur Ruh!

Ich brauche Unsterblichkeit, um dich zu sehen:
Ich warte und lasse die Weltmeere wallen,
Vulkane zerbersten, die Sturmwinde wehen,
Oasen veröden, Planeten vergehen,
die Sterne verlöschen, die Urknalle knallen,
Kometen auf sämtliche Sinnfragen prallen.

Nach zweien, nach tausend, vielleicht nach Milliarden
von neuen Gestirnen, unendlichem Warten,
da beißt sich die Natter des Seins in den Schwanz.
Sie kullert letztendlich, um wieder zu starten,
von Giften und Gegengift zuckend im Tanz:
Es keimt eine brandneue Erde im Kranz.

Und irgendwo dort zwischen Werden, Vergehen,
erkalteter Lava und grünenden Steinen,
fischartigen Wesen am Festland mit Beinen,
dort werde ich wieder dein Bildnis erspähen:
Du wirst in der drückenden Stille erscheinen
und ich werde wartend am Meeresstrand stehen.

Mein Liebling,
ich wollte im Grunde nicht sterben wie du!
Ich gleite auf Schlangenhaut quer durch die Zeit,
bis alles von vorne beginnt, auf dich zu.
Ein Kuss, ein Umarmen, ein kurzes Geleit
bedeutet wohl nichts in der Endlosigkeit.
Ich warte hier dennoch, mein Schatz, immer wieder
beständig auf dich – für ein Zucken der Lider.

Jupiter: *wartet ab, bis sich die allgemeinen Schluchzer gelegt haben*

Seht!
Das ist der wirkliche Poet!

Apoll: Es ist ja gut!
Ihr wisst, dass ich geachtet bin
für meinen Witz und edlen Sinn.
Der Glückspilz mag sich stets bewähren,
aber wahrer Edelmut
beweist sich erst, wo wir entbehren.
Los, Euterpe, lauf nur zu!
Wechsle nur die Seiten, dumme Kuh!

Diana: *mit dem Göttervater im Zwiegespräch*

Jupiter, ich bin dagegen!
Er wird hier oben nur Unheil stiften!
Ich weiß, durch seine Dichtung lassen
sich die Menschen wieder her bewegen
trotz des Wolkenschlosses in den Lüften.

Jupiter: Ein paar vielleicht, doch nicht die Massen.

Diana: K e i n e r darf mehr in die Wälder gehen,
man könnte mich wieder beim Bade sehen!

Jupiter: Du redest nicht von deinen Brüsten
oder deines Leibes Mitte.
Lästig wär dir nur, wenn Dritte
von den Dehnungsstreifen wüssten.

Diana: *erblasst*

Ich … ich weiß nicht, was du meinst.

Jupiter: Ich frage mich, ob es wohl recht ist,
dass nicht du im Weltall scheinst.
Dann frage ich bisweilen: Wer
ist eigentlich der kleine Bär?
Du bist so bleich?

Diana: Weil mir so schlecht ist!

Jupiter: Ob Bären oder Menschensohn:
Reden wir nicht mehr davon!
Einverstanden?

Diana: Einverstanden.

Rhanis: *tritt an den aufgelösten Amadeo heran*

Ich weiß ja nicht, ob du mit dem Gedicht
Hyale meintest, doch ich glaube schon.
Hör zu, ich weiß nicht, wo sie eben ist,
gestorben ist sie jedenfalls noch nicht.

Amadeo: Nicht?

Rhanis: Das Finale war Dianas List.
Ich sollte erst Hyalens Haarband rauben,
jene band es heimlich um den Strauch
und täuschte dich. Sie sagte, dass du's glauben
würdest und du glaubtest es ja auch.

Amadeo: Ist das wirklich wahr?

Rhanis: Es war nichts als das Band aus ihrem Haar,
Hyale ist am Leben.

Amadeo: *springt auf*

Wo find ich sie?!

Nephele: Am Rand der Mauern
sitzt sie klamm
von Regenschauern
bloß im Schlamm.
Der Teint verblichen,
ihr Pläsier
und ihr Esprit
sind ganz gewichen,
nur Phiale ist bei ihr.

Amadeo: Entschuldigt mich!

eilt aus dem Portikus und in den Platzregen hinein

Hyale: Es prasselt die Verlassenheit
in tausend Funken aus dem Wirbeln.
Mit der Zunge fängst du sie
und leckst dir noch die Lippen, Närrin.
Dann ein Gluckern! Dann ein Schmatzen!
Brodelnd schwappt die Einsicht näher
und ersaufend wird dir klar,
dass deine Lust gegangen ist.

Phiale: Dass die Lust gegangen ist.

Hyale: Was vergangen ist, verging,
der Sonnenwagen schwirret weiter,
bau ein Floß dir, nimm es hin,
in Lava schwimmen, kann man lernen.
Sind die Wunden erst verwunden,
wirst du tanzend neu gedeihen.
Selten denkst du noch daran,
dass deine Lust gegangen ist.

Phiale: Dass die Lust gegangen ist.

Hyale: Es werden stetig andre kommen,
sprechen deine Zeitgenossen
mit mehr Klugheit als Verstand.
Was sie für Liebesflammen halten,
heißt in Wahrheit Unterzucker.
Ach, verblute an den Scherben
deiner Zuversicht und wisse,
dass dein Glück vergangen ist.

Phiale: Dass dein Glück vergangen ist.

Amadeo: Hyale? Mein Liebling?

Phiale: Amadeo?

Hyale: Ein Säuseln. Ein Flügelschlag.
Ein buntes Zittern der Tropfen.

Amadeo: Nein, Hyale, ich bin es echt!
Durch dich bin ich zum Gott geworden!
Diana hat sich nicht gerächt,
auch konnte ich mich selbst nicht morden.
Komm herauf, nimm meine Hand!

Hyale: Amadei? Bin ich denn noch bei Verstand?
Phiale, sag mir, ist es Träumerei?

Phiale: Es scheint fast so, als ob's die Wahrheit sei,
denn er erglüht wie nur ein Gott so hell.

Amadeo: Mein Schatz!

Hyale: Mein kleiner Rebell!

stürzt in seine Arme, sie herzen, sie küssen sich sehr lange

Wie herrlich, wie herrlich ist es, dich zu sehn!

hält plötzlich inne, haut ihn

Amadeo: Au! Ist das für Rhanis?

Hyale: Nein, das ist für den,
der mich für so besitzergreifend hält!
Als würde ich von männlichem Verlangen
plötzlich wie die Schlosswegweiber kränklich,
die nicht wissen, dass nur Herzenstreue zählt.
Nur deine Auswahl find ich recht bedenklich:
Rhanis!? Dümmer wär's wohl nicht gegangen!

Amadeo: Lass uns nimmer davon sprechen,
endlich sind wir wieder heil!
Keine Göttin kann uns brechen,
zu stabil sitzt Amors Pfeil.

Phiale: Ignorier mich nur nicht lange,
du Poet, der stets verschwindet,
sich aus allem Unheil windet.
Drücke mich, du Dichterschlange!

Amadeo: Ach, Phiale, meine liebe!
Glaube nicht, dass ich dich meide,
der ich immer für dich schwärme!
Doch wir kauern hier wie Diebe
und ihr schlottert alle beide.
Lasst uns schmausen wie die Fürsten,
dass der Leib sich innen wärme,
lasst uns trinken, eh wir dürsten,
und danach gleich in die Therme!

Hyale: Offen steht das Erdengatter:
Ein erquickter, bunter Garten
voller Tiere aller Arten
schwillt im regenkühlen Lichte.
Wenn wir uns dereinst verlieren,
werden uns sowohl die Natter
als auch überreife Früchte
auf die rechte Fährte führen.

Amadeo: Was uns Spaß macht, sei Gesetz, mein Schatz!
Aber kommt jetzt! Hin zum Feuerplatz!
Dass euch nicht dasselbe Leid geschieht
wie dem Eiszeitmädchen in dem Lied.

drängeln sich durch die Feiernden, Jupiter dreht die Grillspieße

Jupiter:	Na, ihr drei, ist alles recht? Ich rate euch, probiert vom Bauch und nehmt euch eine Keule auch, die Haxe hier ist auch nicht schlecht.
Amadeo:	Göttervater, eine Frage nur: Ist es nicht dein eigenes Begehr, noch einmal alles Volk in der Natur und nicht mehr auf dem Lügenweg zu haben?
Jupiter:	Weswegen?
Amadeo:	Weil es dir ergeben wär. Ich denke mir, es ärgert dich vielleicht, dass niemand dir mehr Opfer überreicht.
Jupiter:	Wo denkst du hin? Lämmerfromm sind ihre Gaben! Nie sind bratend und brutzelnd an den Stangen mehr geschlachtete Schafe gehangen!

***